SECRETOS DE UN CORREDOR DE SEGUROS

Juan Carlos Fernández Alemán

Primera Edición, 2020.
ISBN: 9798631405936
Edición al cuidado de Marisa Espina.

La foto de portada es de Raquel Cartaya©
Diseño, diagramación: Marisa Espina
Corrección: Carmen Elena Alemán, Ricardo Espina, Luis Miguel Ávila Merino,
Marisa Espina

Edición de KDP publishing, 2020.

Redes Sociales
Instagram, Twitter, Youtube: @GoJuanca @JuanCFernandezA
LinkedIn: gojuancago y Juan Carlos Fernández Alemán
Facebook: Juan C Fernández A
TripAdvisor: Juan C Fernandez A
http://www.juancfernandeza.com

Cursos en línea
Open Insurances Academy https://openinsurancesacademy.com

Este libro contó con el apoyo de:

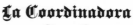

www.openinsurances.com

www.lacoordinadora.com

Dedico este libro a mi familia,
especialmente a mi papá, Juan Carlos Fernández Colmenares
y a la memoria de mi abuelo, Temístocles Fernández Caballero.

Agradecimientos

A mi esposa, Marisa quien me ha acompañado en migrar a otro país desde el 2016 apoyándome en mi emprendimiento y en esta nueva forma de mirar al mundo de los seguros y hacer mucho más interesante este esquema tan tradicional.

A mis hijos, Juan Carlos, Ximena Cristina y Cristóbal Javier, motor y energía para lograr cumplir mis sueños, que se han adaptado a los cambios en estos años con energía y una actitud valiente. Por ser mi mayor inspiración.

A mi mamá, María Teresa Alemán, por enseñarme tantas cosas e inculcarme el amor al arte y a los idiomas.

A mis hermanos José Vicente por ser visionario, Ana Teresa por su compasión e Isabel Elena por su disciplina.

A Ricardo, Tania y Annabella Espina por su incondicional apoyo en todo momento.

A mi familia y amigos que han estado allí incondicionalmente durante las buenas y las malas y me han ayudado con su opinión y sus consejos durante este largo viaje.

A mi sponsor *H Puterman and Associates*, por darme la oportunidad de migrar a los Estados Unidos.

A mi equipo de *Open Insurances*, *Lugano*, *La Coordinadora* y el equipo de mi marca personal quienes han estado de la mano durante todo este complejo proceso.

A todos los agentes y agencias de seguros que han creído en mí y siguen creyendo en toda la transformación del seguro al mundo digital.

A todos los seguidores que siempre me apoyan y consumen mí contenido en las redes sociales.

A San Ignacio de Loyola por su ejemplo, "En todo Amar y Servir"

A Dios, la Virgen del Valle y la Virgen de La Chinita por ser mi luz y guía.

Índice

Prólogo

Ideas claras, un camino a seguir, optimismo y trabajo y más trabajo son las claves para alcanzar el éxito en cualquier actividad que emprendamos.

Es lo que Juan Carlos Fernández Alemán con gran tino nos transmite en su libro, texto bien redactado, ameno y ágil que logra engancharte de principio a fin, lleno de consejos prácticos y sencillos, adentrándose en las nuevas tecnologías comunicacionales, con un conjunto de herramientas que contribuirán a lograr el éxito en la fascinante profesión del corretaje de seguros.

Juan Carlos además de ser mi amigo fue mi pupilo, cuando fui su tutor de tesis de grado de Administración de Empresas en la Universidad Metropolitana en Caracas. Hemos compartido magníficos momentos de trabajo y de logros profesionales. Con una familia extraordinaria desde su abuelo Temístocles Fernández, un visionario, fundador de la primera sociedad de corretaje de seguros de Venezuela *La Coordinadora*, su padre Juan Carlos Fernández Colmenares formado en las mejores escuelas de seguros del mundo, quien logró ampliar los horizontes de *La Coordinadora* a nivel nacional e internacional y su encantadora esposa Marisa y sus tres preciosos hijos.

Juan Carlos es un hombre cumplidor de las prédicas de su libro: muy bien formado en los seguros, políglota, deportista, muy familiar, honorable y sobre todo optimista y alegre que son fundamentales para tener una vida plena.

Escribir un libro no es tarea fácil, requiere de mucho tiempo que restas a tu familia y amigos, demanda mucha investigación, precisión al redactar y el compromiso personal de querer hacerlo y lograrlo.

Confiamos que esta publicación estimule a otros emprendedores a seguir sus pasos y cumplir sus sueños.

Sigamos adelante...

Dr. Luis Miguel Ávila Merino

Experto en materia de seguros desde hace más de 40 años.
Escritor de varios libros de seguros entre ellos La actividad aseguradora venezolana.
Presidente de Afianauco y director de Personal Financial Planning.

Introducción

Esta es mi historia y mi método

Todo comenzó a mis veintiún años, cuando me hice un propósito: "transcender generaciones". Esas palabras estaban escritas en la misión, visión y valores de *La Coordinadora*, nuestra empresa de corretaje, pionera del mercado asegurador venezolano. Así empieza mi historia. Desde pequeño oía los cuentos de mi abuelo y de mi papá acerca de la importancia del seguro, el reaseguro y los corredores de seguros para el mundo asegurador. Somos tres generaciones en el mercado, desde que en 1945 mi abuelo, Temístocles Fernández Caballero, logró constituir la compañía y luego inscribirla en el Ministerio de Fomento de ese entonces.

Mi abuelo estuvo muchos años tratando de fundar una empresa de corretaje, ya que en esa época el mercado asegurador venezolano solo tenía corredores y agentes. Mi abuelo tuvo un *dream team*, un equipo increíble de amigos y socios visionarios, como el Dr. René Lepervanche Parpacén †, el Dr. Néstor Luis Pérez †, el Dr. Martín Ayala Aguerrevere †, el Dr. Francisco Mármol † y muchos otros excelentes directivos. Gracias a ellos, la empresa se posicionó por más de 30 años como la número uno del mercado asegurador venezolano.

En esos años, mi abuelo atendía grandes importadores, fabricantes, industriales, comerciantes, distribuidores y todo aquél que necesitaba una póliza a su medida. En ese mercado, se cumplía a rajatabla con la promesa, la palabra empeñada y el principio de la máxima buena fe, ya que la influencia del *Lloyd's* de Londres había sentado las bases de la cultura aseguradora venezolana.

Esa vinculación con el *Lloyd's* requirió muchos viajes a Inglaterra, pero gracias a eso y a mucha preparación, la compañía creció en el mercado y los empresarios entendieron que la mejor forma de proteger sus activos es transfiriendo el riesgo a un asegurador. Éste, a su vez, debe protegerse con un buen reasegurador que, a la hora de un evento muy grande, responda de inmediato. El negocio es magnífico porque implica un ganar-ganar para clientes, corredores y aseguradores, quienes utilizando la ley de los grandes números hacen posible asumir riesgos y por medio de la máxima buena fe construyen las más grandes negociaciones de reaseguro. Bastaba una llamada al presidente de la empresa aseguradora, y éste anotaba en su agenda que venía un barco de la India y con eso estaba dada la cobertura de esa carga en particular.

En los años 70 arranca la segunda generación que hizo expandir el negocio. Mi padre Juan Carlos Fernández Colmenares, hijo de Temístocles Fernández (guaireño) y de Mercedes Colmenares (tachirense), comienza a participar en la compañía. En equipo llevaron a la empresa a todo el país abriendo diferentes sucursales por todo el territorio (Maracaibo, Barquisimeto, Valencia, Puerto la Cruz) y logran potenciarla. La profesionalización lleva el negocio a otro nivel, y con esto se consolidan por años como la compañía número uno del mercado asegurador venezolano. Siempre trabajaron exclusivamente con el sector privado, convirtiéndose en un valor fundamental para el empresariado nacional.

En los años 90 sucedieron dos hechos muy significativos: la crisis financiera y el comienzo de la globalización. Por una parte, el empresariado nacional sufre un golpe, por el otro llegan empresas muy grandes a comprar industrias y banca. Ante los problemas económicos del país, la empresa debe tomar la triste decisión de reducirse. De 300 pasa a 100 empleados – y deja ir a un personal preparado, formado y apreciado- y de alquilar tres pisos de oficinas en una torre del centro de Caracas pasa a ocupar un solo piso. Ante este reto, mi papá tomó las riendas de la organización, trabajó muy duro para expandir la cartera y ofrecer el mejor servicio haciendo infinidad de negocios más pequeños y así obtener cientos de miles de nuevos clientes. Esos clientes pequeños garantizaban que no se desbalanceara el flujo de caja ni afectara el trabajo organizacional en caso de irse alguno.

En 1993 me gradué de bachiller en el Colegio San Ignacio, donde aprendí los valores de la amistad, el servicio, el amor, la ayuda al prójimo y la excelencia, siguiendo el ejemplo de San Ignacio de Loyola. Me fui a Londres con mi papá para conocer el mercado de reaseguro global y más tarde viajé a Nueva York y a Delaware a visitar empresas de seguros buscando que nos apoyaran con riesgos que localmente no tenían apoyo. Ese año, invitado por mi padre, corrí mi primer maratón de Nueva York. En mi familia siempre se ha incentivado la unión, el amor a los estudios, el ejercicio y el deporte.

El maratón se convirtió en una tradición y todos los años mi papá nos invitaba con el compromiso de correr la distancia, tanto así que en tres ocasiones mi hermano José Vicente, mi hermana Isabel Elena y yo hemos corrido juntos. Gracias a ese incentivo y apoyo, he corrido maratones casi todos los años. Aparte, por la necesidad que tengo de comunicarme, aprendí idiomas en la Alianza Francesa, el Instituto de Cultura de Brasil y realicé cursos de italiano e inglés profesional. Siempre estoy perfeccionando los idiomas y aprender alemán es el nuevo reto que he asumido.

Comencé a estudiar Administración de empresas en la UNIMET (Universidad Metropolitana) en 1993 y me incorporé al negocio familiar internacional en julio de 1996. Estuve unos cinco años (1996-2000) jugando al rugby en el equipo CRUM (Club de Rugby de la Universidad Metropolitana) y eso no fue sólo un deporte, sino un aprendizaje profundo de valores, ya que se consideraba que la humildad, esfuerzo, los valores y el trabajo duro y en equipo son los motores del juego. Logramos ser campeones varios años consecutivos, pero sobre todo aprendimos a lograr nuestras metas a través del empeño y la dedicación. A comienzos de 1999, una lesión muy fuerte de rodilla me dejó nueve meses inmovilizado, pero a pesar de los comentarios pesimistas de los médicos me recuperé y fui el mejor jugador del equipo durante toda la temporada.

Trabajar con mi abuelo Temístocles y mi tío Roger fue una experiencia muy importante, que lamentablemente duró poco porque ambos fallecieron en 1998. Seguí trabajando con mi padre inclusive antes de graduarme y ahora llevo más de 20 años en *La Coordinadora Sociedad de Corretaje de Seguros*. He hecho cientos de viajes en Venezuela y otros países a visitar clientes y proveedores. Mis hermanas menores, Isabel Elena y Ana Teresa se incorporaron al equipo al graduarse. Y con este equipo familiar hemos logrado una sinergia increíble ya que cada uno es excelente en su área, también hemos trabajado en cada etapa de la organización.

Los valores que me inculcaron mi abuelo y mi padre fueron mi mayor aprendizaje, pero además son parte de la ética que se comparte en la compañía con los empleados: transparencia, honestidad, trabajo duro, constancia, cuentas claras, buena fe, solidaridad y responsabilidad social.

En el 2001 me casé con Marisa Espina, mi novia adorada, después de casi seis años de noviazgo y emprendimos la aventura de formar una familia. Mi primer hijo, Juan Carlos (Juanchi) nace en el 2004, luego llega Ximena en el 2007 y en el 2014 Cristóbal, al que llamamos "Alegría" porque contagia con su energía y carisma.

En el 2016 decidí buscar conectar el corretaje de seguros con las redes sociales y expandir el negocio del corretaje globalmente, ya que con ellas es posible vender mucho más y en más países. Al mismo tiempo, debido a la crisis de mi país, Venezuela, tomé la decisión de cambiar de escenario e irme a Miami, Florida que es una estupenda plataforma para trabajar mundialmente. Al principio todo el mundo me decía que estaba loco, que esas redes sociales no vendían nada, que era sólo para chismear y perder el tiempo, pero hice un plan de negocios para unir una profesión tan tradicional como el corretaje de seguros con el marketing digital. En el proceso supe que en los Estados Unidos existe una visa especial llamada Visa O1 que es otorgada a personas con talento y habilidades extraordinarias en algún área, normalmente a artistas.

En marzo del 2016 viajé a USA y me reuní con seis abogados diferentes hasta finalmente conseguir a la mejor abogada de inmigración, una mujer oriunda de Ohio y con 45 años de experiencia en visas quien me dijo que prepararía el caso, porque ella me veía con potencial. Para el proceso necesitaba un *sponsor*, ya fuera como empleador o como socio. Estuve buscando proveedores, amigos, clientes, compañías de seguros y algunos me decían que ya estaban comprometidos con muchos empleados, otros me querían ayudar, pero no podían porque sus empresas no tenían la capacidad. Finalmente decidí hacerle la propuesta a mi proveedor de seguros al mayor, Hazkel Puterman, con quien tengo una larga amistad. Le gustó el planteamiento y decidió ayudarme.

En el mes de julio la abogada me dijo que debía documentar mi carrera profesional en las redes sociales. Afortunadamente, desde unos meses antes ya estaba posicionando mi marca personal en Google, Facebook, LinkedIn, Twitter, Youtube, Tripadvisor, de manera que el procedimiento fue rápido y exitoso, y en pocos meses ya tenía mi Visa O1 aprobada por el gobierno americano para desarrollar la venta de seguros de viajes y asistencia médica al viajero a través de las redes sociales. Comenzamos con Facebook, Instagram, LinkedIn, Twitter y Youtube.

La compañía la fundamos mi socio y yo en noviembre de 2016 y ya al mes siguiente, gracias a LinkedIn, me conecté con el CEO de una muy importante empresa de seguros de viajes y lo visitamos en Indianápolis. Allí firmamos el primer contrato de ventas global, que nos permitía vender los seguros en 45 estados de Norteamérica y en todo el mundo. No sólo hemos usado las redes sociales para posicionarnos, darnos a conocer y ofrecer nuestros servicios, sino también para entrenar a nuestros agentes en los temas de ventas, seguros, redes sociales y marca personal.

En muy poco tiempo logramos ser los primeros en ventas de esta empresa aseguradora en Latinoamérica. Además de ganar un viaje a la casa matriz, obtuvimos un premio especial porque en menos de un año y sólo mediante las redes sociales logramos vender 395.000 USD$ en pólizas. En el 2018 logramos el récord de 1.200.000 USD$ en ventas, lo cual nos posicionó cómo la empresa de corretaje de seguros de viaje más grande de toda Latinoamérica.

Ahora tenemos productos propios para todo el mundo, nuestro personal es de más de mil *brokers* en muchos países y seguimos reclutando porque el negocio va muy bien.

En diciembre de 2018, después de dos años de preparación, logré colocar mi primer curso online a través de la plataforma Udemy: *Secretos de un Corredor*. En este curso están mis consejos para ser el mejor en el mercado asegurador, ya sea como productor exclusivo, corredor, agente, *broker*, directivo de una empresa de corretaje de seguros o de reaseguros. Como el curso es para todo el mundo, se puede encontrar en español, inglés, portugués y francés.

Nuestra idea es tener una empresa a escala mundial, que trascienda generaciones y que nuestros agentes hagan el curso para conocer nuestra cultura corporativa. En mi curso está el método al que llamé #GoJuancaGo, gracias al cual se pueden multiplicar las ventas diez veces. Mi método no solo ayuda a ver otra perspectiva y progresar, sino que puede ser aplicado no solo en el corretaje.

Mi legado, entonces, no sólo será mi hermosa familia y mi exitosa compañía *Open Insurances*, sino también saber que gracias a mi curso he ayudado a que la gente crezca, mejore y triunfe de varias maneras: 1. Creando cultura de seguros y prevención; 2. Educando a la gente para que sea exitosa y 3. Comunicando que lo más importante es vivir y viajar con paz mental. El éxito se consigue con educación, trabajo, familia y buenas ideas.

Mi método

René Descartes fue un filósofo francés que escribió *El discurso del método*. Simplificándolo mucho, lo que quiere decir es que uno tiene que tener un método racional para hacer las cosas. Cada uno escoge su método, racional o irracional. El mío incluye estudios, actitudes, pero también algo muy fácil, que llamo el método #GoJuancaGo, que nació en el maratón de Nueva York. Un maratón es una experiencia que te cambia la vida, te transforma y es una metáfora muy certera de la vida misma.

La carrera comienza cuatro meses antes con el entrenamiento, al que hay que dedicarle muchas horas, que incluyen los consabidos madrugones durante casi todos los días de la semana, mejorar la alimentación, ir al gimnasio, evitar las lesiones, estar pendiente de la recuperación física y de todo el caudal de emociones que conlleva una tarea como ésta. Un maratón te enseña disciplina, humildad y, lo más importante, te llena de salud y refuerza todo lo positivo en tu entorno.

El método #GoJuancaGo realmente nace por casualidad, ya que en las carreras de 42kms normalmente cada maratonista va vestido como más le gusta sin una identificación particular más allá de su número y una ropa cómoda que aguante todo el maratón sin que te raspe la piel, pero siempre llevas alguna identificación de tu país y la gente que está apoyando la carrera te la repite cada te vez que te ven. Siempre me ha parecido que la energía de los que te apoyan es mucho más fuerte en Nueva York, porque hay tanta fanaticada que no dejas de estar solo en ningún momento del recorrido. Yo solía terminar la carrera y, al terminar, me iba a la milla 25 a aupar a los maratonistas que estaban tratando de terminar la carrera con muchísimo esfuerzo.

Me di cuenta que apoyarlos les daba energía a ellos y también a mí. Era magnífico gritarles dándole ánimos y, como no los conocía, los llamaba por el nombre de su país, o por su camiseta o, si tenía su nombre estampado, por éste. Allí me di cuenta de que lo más efectivo era gritarles su nombre y que la persona se llenaba de ánimo y energía. Ese simple gesto era un empuje brutal que los ayudaba a terminar la última milla y, en algunos casos, les daba la vitalidad para levantarse de un bajón y que lograran su tiempo con alegría. Es por esto que al año siguiente decidí colocar Juanca (el nombre que me dan mis hermanas) en mi camiseta y debajo Venezuela y luego Go JuanCa Go para que lo repitiesen tantas veces como fuera posible y de esta manera al empeño estaba presente siempre.

#GoJuancaGo es un método que combina el concepto de la alegría interna y la alegría externa. Hoy en día lo uso para levantar el ánimo ante cualquier vicisitud en mi vida, levantar el paso y recordarme que la alegría se trabaja desde adentro hacia fuera.

En el capítulo de la alegría hablaremos más de esto, pero pronto publicaré un libro sobre este método con un compendio de mi fórmula secreta para alcanzar el éxito financiero, personal, familiar, profesional y, lo más importante. ser feliz. La felicidad para mí es el camino, no la meta y es la mezcla entre la gratitud, el orden y el progreso.

El sentido del humor también es parte de esa alegría que llevo conmigo desde pequeño, es una filosofía de vida, me ayuda a sobrellevar las situaciones a través de la risa, que además disfruto contagiándosela a los demás.

Para ser un buen corredor de seguros y para la vida en general, entonces, recomiendo esa alegría interna y externa, pero también mucho trabajo, esfuerzo y saber qué se hace. El mundo de los Seguros y las Aseguradoras me apasiona y lo conozco desde la infancia. Como comenté antes, vengo de tres generaciones en el corretaje de seguros y he estado trabajando y estudiando el área desde hace más de veinte años. He vendido más de 20000 pólizas en el mercado local y en el internacional y eso es sólo el principio de mi carrera. Tengo cada vez más planes y proyectos en el área, porque en mi familia somos longevos y sabemos que el de los seguros es un negocio a largo plazo.

Diseñé este libro no sólo para explicar los aspectos básicos sobre el mercado asegurador, sino también para dar consejos para que cualquiera pueda triunfar en él. El de seguros es un mercado muy competido pero excelente. Te permite ganar dinero a corto, mediano y largo plazo, conocer personas interesantes, viajar, codearte con gente importante en cualquier parte del mundo y mejorar la vida de los que te rodean.

En este libro doy todas las claves para que tengas éxito en la carrera aseguradora, para que te sea más fácil entrar en este competido mundo, para que puedas lograr tus metas y te hagas de una cartera de seguros sólida que se renueve todos los años.

En estas páginas explicaré todas las herramientas que necesitarás: lo que tienes que saber en específico de seguros y reaseguros, la presentación personal, el manejo de las redes sociales en tu negocio, cómo crear tu marca, cómo ser un triunfador. Asimismo, te ayudaré a resolver todas tus dudas sobre cómo hacer tu cartera de clientes, crear tu *networking*, los trucos para cerrar un negocio, consejos para conseguir más clientes y cómo renovarlos partiendo siempre de la seguridad de que estarás vendiendo.

Aquí te dejo mis "secretos de un corredor" porque #unonuncasabe #youneverknow.

 # CAPÍTULO 1

Historia del seguro _____

Origen de los seguros

En el Museo del Louvre en París está una hermosa estela de piedra negra donde están talladas las 1245 leyes del Código de Hammurabi, quien era el rey de Babilonia. Fue escrito aproximadamente en el 1750 AC, hace 4000 años, y allí ya se vislumbra al antecesor de nuestros seguros modernos, ya que se dice que ante un accidente laboral debe indemnizarse al trabajador. Algo parecido, vinculado esta vez a las caravanas por el desierto se encuentra en el Talmud, el código civil y religioso de los judíos. También en la antigua India y en el Egipto de los faraones había leyes parecidas. Estas normas fueron pasando a las civilizaciones del Mediterráneo: Fenicia, Grecia y Roma. Siempre vinculadas a trabajos, a pérdida de propiedades y a los barcos.

De esta manera, ante la posibilidad de perder un barco cargado de mercancía en el mar, se reunían grupos de comerciantes y entre todos ponían dinero para pagar lo perdido, o sea, de cierta manera aseguraban la carga. Si ningún barco naufragaba, todos ganaban. Si alguno se hundía en el mar, los que habían salido ilesos ponían una cantidad de dinero que ayudaba a que el propietario no fuera a la quiebra. No era un seguro como tal, pero se iban sentando las bases para lo que ahora llamamos así.

Pasan los años y esta práctica se va haciendo cada vez más común. Ahora estamos en Inglaterra en 1686. Muchos grandes armadores y comerciantes comienzan a seguir la ancestral práctica de unirse para protegerse ante la eventualidad de un naufragio. Se reunían en un lugar llamado *Lloyd's Coffee House*, donde armadores, dueños de barcos, comerciantes y marineros se reunían a tomarse una cerveza o un café. El dueño del lugar, Edward Lloyd, empieza a organizar consorcios (*Syndicates*) entre los armadores y comerciantes para protegerse de los peligros del mar. Todos los del consorcio se comprometían a pagar una cantidad al que tuviera algún percance. El encargado de armar estos consorcios y garantizar el funcionamiento era Edward Lloyd, y a esa labor la llamaban *Underwriter*. Esta persona se ocupaba también de que los barcos de cada consorcio tuvieran parecidas capacidades y valores, de manera que todos estuvieran en igualdad de condiciones. Llegó un momento que Edward Lloyd deja de ocuparse del café y en 1691 se muda a una casa para dedicarse por entero a los seguros, con tan buena fortuna que incluso logra el monopolio de este negocio.

Este consorcio comenzó a crecer, cada vez se adherían más armadores y comerciantes (en el *Lloyd's* todavía los llaman *Names*). Llegó un momento en que casi toda la clase alta inglesa comenzó a participar en estos consorcios, que comenzaron a diversificarse a otros asuntos.

En 1666, unos veinticinco años antes de la fundación del *Lloyd's* ocurrió el gran incendio de Londres. En una panadería muy famosa de Baker Street se inició el fuego que afectó a casi toda la ciudad. A partir de este incendio, los londinenses comprendieron la necesidad de asegurar sus bienes. La compañía *Lloyd's* aprovechó ese sentimiento y comenzó a asumir riesgos en otros renglones aparte de los barcos y sus cargas: inmuebles, empleos, responsabilidad civil y así fueron surgiendo nuevos seguros mientras pasaron los siglos.

En el siglo XX aparecen los seguros que conocemos hoy en día, como el seguro de automóviles, salud, vida. En las grandes aseguradoras todavía dividen las empresas entre las que se ocupan de seguros marítimos y las que no se ocupan de lo marítimo. La parte de lo marítimo es muy compleja por la cantidad de riesgos que implica, pero la parte no marítima abarca una gran cantidad de opciones, desde los cohetes que van al espacio hasta el arte.

El origen de los seguros es muy importante porque nos hace darnos cuenta de que hace 4000 años ya la gente quería protegerse. Las compañías de seguros parten de un principio fundamental: "Ante todo buena fe" (*Utmost Good Faith*), que es aún hoy, en latín, el lema del *Lloyd's*: *Uberrimae fidei*. Y esa buena fe es fundamental para el mercado asegurador, porque se parte de la base de que ninguno de los dos participantes del acuerdo, el asegurador y el asegurado, engañará al otro.

Para entrar en el mercado asegurador es vital entender la cultura de la buena fe y también la cultura de los grandes números.

Compañías aseguradoras, seguros y pólizas

Las compañías de seguros son empresas, legalmente constituidas, que se ocupan en exclusiva de proveer el servicio de cubrir económicamente los riesgos tanto de individuos, compañías, otros servicios o bienes muebles o inmuebles.

El mercado de seguros es tan grande como los riesgos que se pueden cubrir: puede asegurarse desde un teléfono celular hasta un avión, las personas y compañías pueden cubrir los riesgos de perder su auto, su vida o sufrir un terremoto.

Las compañías de seguros, junto a los bancos, son un pilar fundamental de las finanzas de las sociedades. Las compañías de seguros deben tener un capital social, esto es, una cantidad de dinero o de bienes que respalden económicamente su funcionamiento. Si una compañía tiene un cliente tan grande que su capital social no alcanza para cubrirlo, lo que hacen es transferir el riesgo a otra compañía más grande. Esta fórmula fue creada en la aseguradora *Lloyd's* de Londres. Por ejemplo, si una compañía está asegurando un edificio que vale 50 millones de dólares y su capital social es solo de 1 millón de dólares, no podría afrontar el gasto en caso de un siniestro y por eso reaseguran con otra compañía. De esa manera, la compañía de seguros puede cumplir con su cliente y además atomizar el riesgo propio. Los reaseguros, esto es, asegurar tu riesgo frente a tus asegurados, es una práctica común en las compañías, sobre todo para casos de eventos de gran magnitud, como catástrofes naturales.

La gente a veces puede sentir que aseguró uno de sus bienes y no pasó nada, así que perdió el dinero. Eso no es así, el dinero gastado en asegurar los bienes nunca se pierde, ya que lo que se está pagando es la seguridad de que, ante un problema, se recibirá una cantidad de dinero que dará la posibilidad de recuperación. Además, como en las primeras aseguradoras, la inversión que hacen muchas personas en sus seguros hace que haya dinero para cubrir las contingencias de los que sí tuvieron un evento desafortunado.

Las compañías de seguros tienen departamentos técnicos especializados en medir riesgos en varias categorías: incendio, terremoto, salud, automóvil, ydan apoyo en lo más necesario. Desde eventos particulares como el choque de un carro, cuyo seguro permitirá pagar la reparación, hasta seguros de empresas, como el lucro cesante, por ejemplo, que garantiza que ante un problema grave que ocasione el cierre temporal de una empresa, ésta recibirá una cantidad de su seguro que le permitirá resistir sin ir a la quiebra.

Hay miles de formas de asegurar, hay miles de pólizas distintas, dependiendo del mercado donde estés hay compañías idóneas para lo que se necesite. Como dije antes, los ingleses dividen los seguros entre marítimo y no marítimo, pero en otros mercados se dividen entre vida y no vida. Las grandes aseguradoras de Latinoamérica tienen departamentos en todas las áreas, no lo separan por riesgos.

Nuestras sociedades no podrían funcionar sin compañías de seguros, y posiblemente nosotros en lo personal tampoco. Las compañías de seguros son una necesidad total y trabajar en ellas es una aventura fascinante y útil a la sociedad.

El reaseguro

Las compañías reaseguradoras son compañías especializadas que sólo ofrecen pólizas de seguro a compañías aseguradoras. El reaseguro es el contrato que se establece entre ellas, algo así como el seguro de las aseguradoras. Con el reaseguro, la compañía aseguradora cubre sus posibilidades de riesgo, pagando una prima anual que hace que, en caso de incidentes, pueda recibir reembolso total o parcial de los haberes perdidos.

Hay dos grandes vertientes: el reaseguro facultativo y el reaseguro directo. El más común y utilizado es el reaseguro directo. Este es el que permite que la compañía aseguradora pague una prima anual general que le permita cubrir sus haberes en caso de pérdidas. Por ejemplo, un particular asegura su casa con una compañía de seguros. Esta compañía, a su vez reasegura sus riesgos, de manera que, si el cliente pierde su casa, la compañía de seguros le paga a él y a su vez cobra el riesgo asumido a la compañía de reaseguros. Esto se puede hacer con bienes, muebles, inmuebles, personas, automóviles y demás. Obviamente, el costo de reaseguro está incluido en los gastos que la compañía aseguradora asume y que paga el cliente final.

El reaseguro directo le da libertad y confianza al asegurador. Al saber que pueden cumplir con sus clientes en cualquier circunstancia y que ante pérdidas muy graves podrán seguir operando se garantiza el funcionamiento de las compañías de seguros y el servicio que ofrecen.

El reaseguro facultativo es por área específica y por riesgo particular. En este caso no se paga una póliza general que cubre varios problemas, sino por caso concreto de eventos específicos. El reasegurador asegura y verifica cada uno de los grandes seguros que la compañía ofrece. Este es el caso de fábricas, negocios grandes o industrias importantes, que cubren cantidad de posibilidades y que tienen riesgos muy grandes que pueden necesitar muchos reaseguradores.

Ahora bien, ¿cómo funciona el mercado del reaseguro y qué es el mercado del reaseguro?

El mercado del reaseguro atomiza el riesgo. Si una compañía tiene una gran cartera de clientes que le significan un riesgo de cientos de miles o de millones de dólares, una sola compañía de seguros, por grande que sea, debe protegerse y proteger su capital. Ante la posibilidad de pérdida, la compañía de seguros sabe que la prima de reaseguro que pagó va a cubrir sus pérdidas. El reaseguro es el alivio que permite que la compañía de seguro pueda permanecer y crecer. Los reaseguradores, a su vez, atomizan el riesgo, porque son muchos los reaseguradores y cada uno coloca un porcentaje del riesgo total.

Imagínate que una fábrica se aseguró contra incendio y este sucede. La fábrica recibe su indemnización, pero eso dejaría a la compañía aseguradora con una pérdida importante. Esa es la razón por la que la compañía de seguros, a su vez, reaseguró ese riesgo con una o varias reaseguradoras y por porcentajes variables de riesgo, que le permitirán indemnizar al cliente de acuerdo a lo acordado.

Obviamente, los casos grandes necesitan siempre un inspector de la aseguradora y también de un inspector avalado por los reaseguradores.

Los reaseguradores pueden ser muchos, dependiendo del tamaño de la empresa y de cuán alto sea el riesgo. En algunos casos un riesgo tiene tres reaseguradores, pero en casos importantes puede haber decenas e incluso cien reaseguradores.

La especialización del corretaje de reaseguros es de compañías muy grandes, reconocidas mundialmente, que tienen el *know how*, el conocimiento de mercado y el músculo financiero para poder cumplir con sus compromisos.

La técnica de las reaseguradoras es muy interesante y compleja, porque trabajan caso a caso y algunas veces deciden que los riesgos son excesivos y no participan. Es una especialización complicada pero fascinante.

El reaseguro, al final, les da alivio y capital a las empresas aseguradoras. Eso quiere decir que también cumple una función social, porque son el soporte del mercado asegurador.

Lloyd's de Londres es la compañía reaseguradora más importante y grande del mundo, tanto así que tiene miles de asociados y corporaciones y siempre es referencia global para los riesgos más difíciles.

"...es una carrera de largo alcance en la que no hay atajos"

 **CAPÍTULO 2**

El oficio del corredor de seguros __

¿Qué hace un corredor de seguros?

Algunas personas piensan que un corredor de seguros es alguien que vende pólizas, pero que podría también vender carros o vestidos. Incluso hay gente que piensa que un seguro se compra online y que no necesitan quien los aconseje.

En realidad, un corredor de seguros no es alguien que te vende una póliza, sino un asesor altamente especializado que te recomienda la adecuada para ti. Como cliente, tener un corredor de seguros de confianza es tan importante como tener un médico confiable.

Tu asesor de confianza

Un corredor de seguros es quien te asesorará para que siempre estés protegido ante los diversos eventos de la vida. Es la persona que conoce todas las opciones de seguros y que sabe a la perfección cómo funcionan.

Un buen corredor te conoce bien, lo que le permitirá recomendar el seguro más adecuado para tu circunstancia personal, familiar, empresarial y económica, así que podrá darte información de pólizas que te convienen si éstas cambian.

Un buen corredor habla el muy complicado lenguaje de las compañías de seguros, y te explica los detalles de manera que nunca haya aspectos que no conoces, ni letras pequeñas en los contratos de las que no te percataste.

Un corredor de seguros fiable será tu representante ante la compañía aseguradora en caso de un siniestro, y hará todo lo posible para que tengas todas las referencias necesarias y puedas hacer el reclamo apropiadamente de forma que lo que invertiste en una póliza tenga el rendimiento justo.

Tipos de corredores

Hay varias maneras de acercarse a los seguros. En mi caso fue fácil, porque el corretaje de seguros ha sido la actividad de mi familia desde hace casi un siglo. Además, he tenido la suerte de que mi papá ha sido siempre un ejemplo a seguir. Crecí viéndolo en este ambiente y bajo su tutela aprendí sobre las habilidades, el sentido común necesario, el lenguaje a utilizar, los detalles del oficio, el cuidado y la atención al cliente.

Hay tres posibilidades en el corretaje de seguros.

Puedes ser corredor en una Compañía de Corretaje, esto es, una empresa en la que los corredores trabajan con varias Compañías Aseguradoras y que ofrece servicios tanto a compañías como a particulares. Recuerda que mientras mayor sea la complejidad de los seguros que te interesan, mayor debería ser la complejidad de la empresa que te los ofrece.

También está la posibilidad de ser corredor independiente, un profesional que trabaja por su cuenta con diversas compañías de seguros y que da un servicio personalizado a sus clientes.

Están asimismo los agentes exclusivos, que son corredores que solo ofrecen los seguros de una compañía en particular y de la que tiene conocimientos privilegiados.

¿Por qué elegir la carrera de corredor de seguros?

La carrera de corredor de seguros es interesantísima porque te permite relacionarte con todos los mercados y con personas que están en todos los ramos de la economía. En el mundo asegurador encontrarás gente que ejerce especialidades muy diversas: peritos avaluadores, peritos ajustadores, presidentes de compañías de seguros, directivos, técnicos. Toda esa gente tiene conocimientos muy profundos en áreas diversas que te permitirán nutrirte y aprender.

Obviamente es una profesión muy lucrativa, pero necesitará esfuerzo y dedicación, porque mientras más tiempo le dediques conseguirás más reuniones, y entre más citas hagas, más casos podrás cerrar y mientras más pólizas vendas, mayores serán tus comisiones.

Es una profesión para el futuro, porque mientras mayor sea tu cartera, mejor será tu plan de jubilación, porque esa cartera va a seguir creciendo año a año e incluso cuando no trabajes, recibirás residuales.

Otra de las razones por las que este negocio es interesante es porque puedes viajar por todas partes del mundo. En el mercado asegurador existe la cultura de que, si logras las metas, las compañías te invitan a un viaje. A veces el viaje es cercano y otras lejano, pero siempre en un viaje organizado con el cual te relacionas con las compañías de seguros, los competidores y los colegas.

Por último, esta es una carrera con una función social. Eres la persona que estará cerca del cliente en los malos momentos y lo ayudará a salir del problema y a recuperarse. Con los clientes se está en las buenas y en las malas, pero la ayuda en las malas es la que más se aprecia y no se olvida.

Los múltiples trabajos de un corredor de seguros

Los corredores de seguros somos asesores especializados. Pero además, tenemos que poseer una característica importante: ser confiables.

Nuestra profesión es una carrera de largo alcance en la que no hay atajos. Lo sustancial para un buen corredor no es vender una póliza, sino tener clientes que te van a considerar tan confiable que van a querer que los asesores en sus pólizas durante toda la vida y cuando sus hijos crezcan también acudirán a ti porque tendrán certeza de que eres fiable.

En este trabajo hay por lo menos cinco labores esenciales que debemos cumplirle a los clientes y a las compañías aseguradoras. Para ellos necesitamos tener capacidad de obtener y compartir información, buen manejo de números, criterio administrativo, facilidad en las relaciones públicas y ser transparentes y discretos.

Captación de clientes y ventas

Para asesorar sobre las pólizas adecuadas a cada quien, debes conocerlas bien. En mi caso, lo logro contratando lo que vendo. Tengo varias pólizas en diferentes compañías que me cubren a mí, a mi familia y a mis bienes. De esa manera sé siempre cuáles son las ventajas y desventajas de cada una y puedo transmitir bien esos datos.

¿Cómo capto asegurados? Principalmente oyendo. Siempre estoy pendiente de qué productos aparecen en el mercado y sobre todo, qué puede necesitar la gente que conozco.

Eso sí, no presiono a los clientes. Jamás me verás en una fiesta hablando de pólizas. Nunca voy a presionar con llamadas continuas. Les doy a conocer lo que hago o lo que ofrezco con la menor cantidad de palabras posibles. Cuando ellos necesitan aclaraciones soy tan extenso como requieran. Lo esencial es que tengan confianza en ti y en las pólizas que les estás aconsejando.

Emisión y renovación

La emisión y renovación de pólizas es una labor administrativa preponderante. De nuestra organización minuciosa depende que un cliente nunca se quede sin cobertura porque nos descuidamos.

Es fundamental llevar estricto control de fechas, avisarle al asegurado si hay algún cambio que deba saber, darle toda la información de modo que pueda hacer sus reclamos de manera rápida y efectiva.

Facturación y cobro

En asuntos financieros es importantísimo ser formal y transparente. No puedes permitirte cometer errores, porque eso hará que tu asesorado pierda dinero y que tú pierdas su confianza. Y sin confianza no hay clientes.

Cuando se acerquen las fechas de pago hay que recordárselo, para que el cliente le pague oportunamente a la Aseguradora. La facturación debe ser eficiente y las entregas de documentación, diáfanas.

Manejo de reclamos

Cuando sucede un siniestro es el momento en el que demostrarás a tu asegurado que hizo una buena inversión confiando en tu asesoría. Es importante que sepa que le darás respuesta pronta y efectiva. Para eso le transmitirás toda la información necesaria de manera que su documentación para hacer los reclamos esté completa. Parte de tu trabajo consistirá en lograr las Claves a la celeridad posible y ser capaz en la consecución de Cartas Avales, reportes de choques o incendios, notificación a los peritos y evaluadores. Es muy importante tu capacidad para procesar el reclamo de manera rápida, de manera que se cumpla un principio fundamental de los seguros: "dejar al asegurado en la misma situación en que estaba antes de que ocurriera el siniestro". Es fundamental que tu cliente sepa qué van a exigir los Analistas de las compañías y esa información se la darás tú.

Manejo de cuentas

El manejo de tus cuentas es parte de las Relaciones Públicas y está muy relacionado con la captación de clientes y ventas. Debes estar pendiente de tu gente, darles información, hablar mucho con ellos. Conversando sabrás si su familia aumentó, si está practicando un deporte nuevo o si adquirió un bien mueble o inmueble que pudiera ser asegurado.

Recuerda que la discreción es vital en este trabajo y que como depositario de información personal tienes que ser reservado y cuidadoso.

Un corredor de seguros es vendedor, administrador, contable, asesor y experto en relaciones públicas, pero sobre todo, un asesor fiable para asuntos muy delicados. Tu cliente debe saber que se puede fiar de ti en circunstancias que pueden ser duras o dolorosas para él. Esa confianza se gana con tu dedicación y la tranquilidad que le vas a proporcionar.

La preparación académica y técnica de un corredor de seguros.

No importa lo que vayas a vender: pólizas de seguros o papas, es primordial que estudies. Mientras más sepas, mejor te va a ir, porque vas a tener más conocimientos sobre tu producto y ofrecerás más calidad. Lo que llaman el continuo de la educación. Es importante seguir aprendiendo siempre para que no dejes nunca de estar al día. El aprendizaje en ventas es crucial, así como programación neurolingüística, inteligencia emocional, idiomas, *network marketing, coaching*, tecnología y las redes sociales son temas que complementan al corretaje de seguros del presente y del futuro.

Si estás interesado en el mercado asegurador tienes varias vías de estudio y certificación. En caso de que el dinero no sea un problema para ti, el lugar superior para estudiar es la cuna del seguro: Londres, Inglaterra. Estados Unidos, España y Alemania, por ejemplo, tienen muy buenas escuelas de seguros. Puedes empezar desde temprana edad con cursos de corta duración para saber si te gusta el mercado asegurador.

Estudiar en un país anglosajón tiene la ventaja de que perfeccionarás el inglés, la lengua fundamental para trabajar con seguros. Es muy importante conocer la historia del seguro y reaseguro siendo vital la visita al *Lloyd's* de Londres ya que forma parte de la cultura aseguradora. Si te es posible tener una pasantía alrededor del mercado inglés de reaseguros sería primordial para entrar en el negocio.

En cada país suele haber buenos institutos universitarios. Investiga, pregunta, averigua y escoge el que tenga referencias impecables. No está de más que preguntes a alguien que trabaje ya en una compañía aseguradora qué tipo de egresados prefieren y de qué institución. Adicionalmente las aseguradoras muy grandes también ofrecen programas de formación ejecutiva de alto nivel en los países más desarrollados.

Compañías formadoras

Muchas empresas de seguros están interesadas en formar personal identificado con su propia marca. A estas compañías les interesa ir estableciendo su semillero de agentes exclusivos. Para ello, ofrecen pasantías a egresados universitarios de Administración, Ciencias Actuariales, Economía y otras carreras. Ellos mismo financian cursos de seguros de manera de que los mejores se conviertan en sus agentes exclusivos, o sea, agentes que solo pueden vender sus productos específicos. Esas grandes compañías te entrenan y preparan para que logres la certificación como agente.

En qué consiste la certificación

Estudiar seguros, ya sea en un instituto o en la universidad, no es suficiente en algunos países para poder ser corredor de seguros.

Según las distintas legislaciones puedes necesitar una licencia que te permita ejercer. Esa acreditación la suele otorgar la Superintendencia de Seguros o una institución similar. Eso quiere decir que después de tus estudios debes pasar un examen que demuestre que tienes los saberes y destrezas necesarias. Una vez que pasas la prueba, tendrás la credencial que te legitima como corredor de seguros.

En algunos países, únicamente necesitas una licencia para ocuparte de todas las ramas de seguros. En otros, necesitas una credencial diferente para cada especialidad. Así, los que venden pólizas patrimoniales necesitarán una certificación específica, otra los que se dedicarán a salud y vida, y así.

Una vez que hagas tus cursos, apruebes el examen de licencia serás un corredor de seguros acreditado y estarás encaminado. A partir de allí habrá nuevos cursos que a los que asistir, estrategias que aprender y nuevas competencias que adquirir.

Recuerda que la educación no es sólo una necesidad y un deber, sino también una inversión. Es mejor que elijas adecuadamente porque estarás dedicando tiempo, energía y dinero a algo que será de gran trascendencia en tu vida profesional y finalmente debería convertirse en un placer.

Maneras de empezar en el mercado asegurador

Ya hablaste con tus compañeros, interrogaste al amigo de tu tío, consultaste con tu cuñado, buscaste en internet y leíste cantidad de artículos sobre el tema, hiciste la investigación financiera y viste que los beneficios son atractivos. Después de hacer la tarea, decidiste que trabajar en seguros es una opción interesante en la que te gustaría incursionar.

Ahora la duda es si lo que tú estudiaste, tus habilidades y destrezas son adecuadas para una compañía de corretaje.

La cosa es clara: si eres organizado, honesto, trabajador, quieres un trabajo a largo plazo y entiendes que los seguros tienen una función social, vas bien. Hay muchas carreras y especialidades que pueden hallar su nicho en este campo. De esa manera, lo que has estudiado en tu vida posiblemente te va a facilitar la entrada en este trabajo. Como en éste hay variantes, lo más probable es que puedes elegir uno de los distintos caminos que tomar cuando alguien quiere comenzar en seguros.

Los estudios

El mercado asegurador es muy amplio, puedes ocuparte como productor de seguros, corredor, perito ajustador o avaluador, comisario, auditor externo, médico asesor e incluso defensor del asegurado.

Eso quiere decir que las carreras desde las que provienen los profesionales de los seguros son abundantes.

Ciencia y tecnología

Lo habitual es que haya estudiado Ciencias Actuariales, ya que efectivamente la evaluación matemática y estadística de riesgos es fundamental. Sin embargo, los graduados en Economía, Finanzas, Administración, Gerencia, Banca, poseen información importante que puede ayudarles en su carrera en seguros, sobre todo en la parte actuarial y técnica. Igual sucede con la Ingeniería, por su base matemática y organizacional. Eso no deja por fuera matemáticos y físicos, por ejemplo.

En la rama específica de ventas, también llamada comercial, son importantes los conocimientos de gerencia, relaciones interpersonales y saber manejar empleados y compañías con igual destreza. Es por eso que quienes estudiaron Negocios, Psicología, Relaciones Industriales son apreciados en el sector.

Humanidades y Ciencias Sociales

La gente del área de Humanidades y Ciencias Sociales ya sea Literatura, Sociología, Comunicación Social también pueden hacer carrera en seguros, ya que van a manejar muy bien todo lo vinculado a comunicarse y relacionarse adecuadamente.

Redactar de forma clara es fundamental, ya que, si las explicaciones y las redacciones son correctas y transparentes, no estarás creando falsas expectativas.

Las redes sociales, la tecnología y el mundo de la web se han convertido en un factor importante de diferenciación para el posicionamiento de los corredores, la distribución y venta final de seguros en internet. Por lo tanto, los ingenieros electrónicos, periodistas y *community managers* hacen un trabajo fundamental para la actividad aseguradora.

Por supuesto, los graduados en Derecho están en la situación anterior y además manejan con gran corrección las pólizas. Incluso un médico que por alguna razón no quiere ejercer su carrera en clínica, tiene conocimientos muy útiles para trabajar en una aseguradora.

El mercado asegurador está abierto a todas las profesiones. Lo que se necesita es preparación previa, ganas de trabajar, disposición, tiempo y ganas de estudiar la terminología.

Como verás, si estás claro en que nuestra función última es darles a los clientes información y un instrumento para que estén y se sientan protegidos, hay cantidad de maneras de entrar en el mercado asegurador.

Lo más importante en esta actividad es estar en la capacidad de entender la cultura del mercado asegurador y ser capaz de repartir el conocimiento a los clientes, amigos, competidores y demás personas en contacto con el seguro ya que esto hará que personas con dichos conocimientos avanzados son mejores clientes y finalmente lograrás que el mercado crezca impactando positivamente tu entorno.

"La actitud positiva se construye y comienza
desde el despertar"

CAPÍTULO 3

Talentos y habilidades para ser
Corredor de Seguros _____

El manejo de varios idiomas

Los idiomas son siempre importantes, pero en el mercado asegurador son fundamentales. El inglés, por supuesto, es imprescindible. Casi todas las pólizas internacionales están escritas en inglés, igual que prácticamente todas las pólizas de transporte marítimo.

Aún mejor si puedes hablar varios idiomas, porque así te puedes comunicar con más personas, lo que agrega valor a tu negocio. El inglés se ha convertido en un idioma global, pero no hay que dejar de lado el francés, el alemán, el portugués y el italiano.

Si estás tratando de vender una póliza y tu cliente es de otra nacionalidad, vas a tener mejor sintonía con esa persona si le hablas en su lengua materna. Hablarle a una persona en su lengua hace que se rompa el hielo y que haya temas comunes, lo que facilita la confianza. La relación se hace más rápida y eficiente, según nos enseña la programación neurolingüística. Los idiomas te abren puertas, oportunidades y también te abren a nuevas culturas y posibilidades.

Es importante conocer como mínimo otro idioma además de la lengua materna, eso hará la diferencia con otros corredores.

Los viajes enseñan

Viajar no es solamente ir a otro lugar y pasar un buen rato, es una experiencia muy enriquecedora que te hace crecer como persona y como profesional.

Viajar es importantísimo para un corredor de seguros. En los viajes se interactúa con gente diferente, se conocen nuevas culturas y formas de ver la vida, se está en contacto con otros idiomas y es posible practicar otros lenguajes. Creo que los viajes se disfrutan tres veces: cuando los planificas, en el momento del viaje y recordándolos al ver las fotos.

Para un corredor de seguros los viajes pueden ser una herramienta de negocios, porque dan la oportunidad de interactuar con personas muy diversas.

Personalmente he notado que en los viajes se me da la oportunidad de hacer nuevos clientes. Ya sea el compañero de asiento con el que paso horas sentado, o en el club del aeropuerto esperando un vuelo, suelo establecer contacto con gente que pueden terminar siento clientes potenciales o que me van a recomendar. Encontrar a los clientes que ya tienes en un viaje hace que los lazos se estrechen, ya que el cliente se da cuenta de tu nivel, de que vas a hacer un curso de actualización o mejoramiento, de tu dominio de los idiomas y eso refuerza tu cartera.

Además, la cantidad de personas que viajan conforma un grupo humano importante: ejecutivos de compañías multinacionales, expatriados que trabajan en trasnacionales. Esas personas pueden cambiar la vida profesional de un corredor, porque quizás sean el contacto necesario para lograr clientes corporativos, individuales o familiares que hagan que la cartera se expanda.

Los viajes internacionales no son los únicos útiles. Conocer el propio país también es fundamental. Los diferentes puntos de tu país, las varias ciudades y pueblos te dan información muy provechosa, conocerás nuevos problemas que puedes ayudar a resolver con asesoría en seguros y conocerás personas que te podrán nutrir.

Los viajes abren la mente, hacen crecer cultural y espiritualmente, sacan de la cúpula de cristal. Además, se convierten en un termómetro del mercado que no debe dejarse de lado.

La actitud positiva

Tener una actitud positiva y optimista ante la vida hace que tu día a día cambie totalmente. Ya sea el trabajo, leer un libro, salir de viaje, hacer ejercicio, resultará una experiencia diferente si se hace con una buena actitud.

La actitud positiva se construye y comienza desde el despertar. Los primeros 15 minutos del día son fundamentales. Lo primordial en ellos es estar rodeados de mensajes positivos y agradables: rezar, meditar, leer un libro que te guste, escuchar un podcast que te llene, o la música que te gusta, repetir un mantra o cantar una canción, hacer ejercicio mientras escuchas música clásica, cualquier cosa que suba tus niveles de optimismo y que te haga sentir que puedes acometer el día con entusiasmo.

Lo primero que se oye en la mañana es lo que más permanece porque en ese momento el cerebro funciona mucho más rápido, de manera que lo que hagas al despertar será clave y determinante.

El *influencer* Jeffrey Gitomer tiene la teoría del *Yes Attitude*. Según ésta, es importante tratar de que el 90% de tus respuestas durante el día comiencen con la palabra SÍ. Decir sí es una maravilla. Piensa en la gran alegría de que te inviten a almorzar y lo primero que puedas contestar es Sí porque estás organizado y al mismo tiempo tienes un horario flexible que te lo permite. Pero incluso si no es el caso, es mejor decir que sí podrás otro día, aunque no hoy. Lo importante es que la primera respuesta ante las situaciones sea un mensaje positivo.

Estar agradecido con la vida también es importante. Por ejemplo, en los viajes es muy útil pensar en todas las cosas positivas: que pronto vas a estar en un avión, en un destino espectacular -ya sea por trabajo o por placer-, que conocerás gente nueva y otras culturas, hablarás esa otra lengua que has estado estudiando y que quieres practicar, probando comida desconocida y deliciosa.

Eso implica, por supuesto, cambiar las perspectivas y la apreciación de lo que te rodea. Si viajas y piensas que vas a tener un asiento comodísimo y que además se sentará al lado una persona encantadora, quizás la realidad sea que el asiento será estrecho y además tu vecino será muy grande y poco amable. Si las expectativas no son exageradas, sino que estás abierto a las cosas buenas que van sucediendo y tienes la mente puesta en lo bueno por venir, hay menos posibilidades de que las cosas desagradables pasen. Y si pasan estarás más concentrado en lo bueno que en los inconvenientes. Así, el vecino grande terminará siendo de ayuda para bajar una maleta y resulta que no hablar durante el vuelo te viene bien porque necesitabas dormir.

Al enfocarse en lo negativo y desagradable lo pasas mal antes y después que sucedan las cosas, mientras que, si ves lo positivo, terminas teniendo una vida mucho más cómoda y con más sentido.

Otro punto importante es el agradecimiento. Al llegar da las gracias y piensa que llegaste a tiempo, sano y salvo y al lugar en el que debes estar. Si las maletas se tardan un poco no es fundamental, ya llegarán. Hay que dar las gracias por nuestras bendiciones, las grandes y las pequeñas.

Al plantearte el lado positivo de la vida, ésta se hará mucho más enriquecedora. A la larga todo tiene algo positivo: tu familia, padres, cónyuge, hijos. Puede que algo malo suceda, pero más importante es lo bueno. El Dalai Lama dice que incluso los eventos y situaciones negativas son buenas, porque te sirven para aprender y lograr experiencia.

En el corretaje de seguros la actitud positiva es primordial. Vendiendo seguros se reciben muchos no: no les interesa, no lo pueden pagar, no quieren hacerlo, no necesitan otro seguro. Los importante para ti no es el rechazo, sino continuar porque necesitas cerrar la cuota que estableciste y tienes que vender. Así que levanta la frente, respira profundo y ponte en un estado mental positivo y optimista: sí lo vas a lograr.

Llegará un momento que cerrarás cada vez más negocios y que venderás una póliza por medio de una llamada de teléfono. Pero al principio habrá que conocer los clientes, su ámbito, su área de trabajo y sólo una mente positiva te va a ayudar a pensar que todo saldrá bien y este cliente será el mejor del planeta.

Esa es la actitud, positiva y constante. Hay que mantenerla siempre.

Vocación de servicio y humildad

Ser corredor de seguros es un negocio que requiere una vocación de servicio constante. Hay que estar pendiente de los clientes, tener la disposición de atenderlos y escucharlos, estar en contacto con otros agentes o con la aseguradora. Y en algunos momentos eso será un trabajo 24/7.

Un corredor de seguros no es sólo alguien que se reúne con un cliente y se toma un trago con él para venderle una póliza, es también quien tiene que acompañarlo en los momentos más duros: un incendio, una enfermedad en la familia e incluso en la muerte. En esos momentos críticos para tu cliente, su familia o su empresa, van a llegar a hablar con el corredor y no estarán en el mejor estado mental ni anímico, pero te necesitan y debes estar ahí, apoyándolos y tratando de que ese mal trance tenga alguna solución. Y debes hacerlo bien porque eso es lo que te corresponde, porque te apasiona y porque tienes vocación de servicio.

Eso implica que podrás estar en una situación muy agradable y relajada, pero no puedes dejar de estar pendiente del celular, el *Whatsapp* y las redes sociales, porque los clientes te pueden querer contactar por cualquier vía y a toda hora. Para eso estás, para acompañarlos en los momentos difíciles, en el momento de la verdad.

La humildad, por su parte, es otra virtud importante en un corredor de seguros. En la universidad yo formaba parte del equipo de rugby y nuestro lema era "En humildad vencerás". Y con eso se quería decir que tenía que ser un trabajo de equipo, que nadie era mejor que otro, que todos éramos necesarios para lograr el triunfo. Y eso era lo que nos permitía vencer. Los *All Blacks*, un equipo de rugby neozelandés tiene una premisa: "Nunca somos tan grandes como para negarnos a barrer el piso". Ellos después de jugar, aunque sea una final de un mundial, tienen una reunión, hacen sus *briefing* y cantos y luego el capitán barre el piso para que al día siguiente esté perfecto cuando lleguen a sus prácticas.

Estar consciente de la importancia de la humildad te va a ayudar mucho tanto con los superiores, como con los empleados y con tus clientes. Un corredor de seguro debe vivir desde la humildad y la mente positiva.

Los modelos a seguir

Una de las bases de una vida exitosa, ya sea como corredor de seguros o en cualquier otra profesión, es tener unos buenos modelos a seguir. Estos pueden ser ejemplos profesionales a los que admiras o personajes públicos que te parecen importantes, pero es fundamental que tengas estos guías que den propósito a tu vida, aprendas de ellos, te inciten a reflexionar y se conviertan en guías espirituales que te ayuden a pasar por los buenos y malos momentos.

Yo recomiendo tener siete u ocho modelos a seguir, porque serán tu soporte. Pueden ser personas cercanas o personajes públicos, vivos o muertos: tu padre, una tía, un gran amigo, un empresario exitoso, una filósofa con ideas que te llamen la atención, un político importante. En los últimos años he tratado de aprender mucho sobre Nelson Mandela, Mahatma Gandhi, Tony Robbins, Jeffrey Gitomer, Timothy Ferris, Napoleon Hill, Arturo Uslar Pietri y también sobre mi padre.

Leo muchos artículos y libros sobre ellos, ya sean biografías o ensayos. Por ejemplo, una de las cosas que más admiro de Mandela es su capacidad de perdonar. Estuvo preso durante 28 años en una celda de dos metros por dos metros, condenado a trabajos forzados, en una situación espantosa. Cuando salió de la cárcel perdonó a los que lo encarcelaron porque lo importante era lograr la reconciliación del país y él debía dar el ejemplo.

Los modelos a seguir son importantes porque enseñan actitudes positivas y educativas, actitudes que te llenan, te sirven de ejemplo y se convierten en tu norte.

Con Mahatma Gandhi me pasa algo similar. Por más de cincuenta años aplicó los maravillosos conceptos de la paciencia, la resistencia, la no violencia y la oposición activa.

Otro de mis modelos es Napoleon Hill, que tiene un libro llamado *Piense y hágase rico*. En uno de los capítulos que más me gusta habla de la autosugestión. Hill dice que cuando piensas algo, lo decretas; y cuando te convences de algo, lo logras. La autosugestión no es solamente para metas financieras o metas a largo plazo, sino también para lograr la sanación y la curación física y espiritual. Si tienes una lesión en la espalda, la rodilla o los pies y te autosugestionas con la salud, tu cerebro comienza a enviar mensajes positivos a las zonas enfermas y es posible la curación. Es muy impresionante y es la base de la neurociencia.

Otro de mis ejemplos es el gurú de las ventas Jeffrey Gitomer, cuyo libro *Yes Attitude* me ha enseñado mucho. Los métodos de venta que plantea son muy buenos, así como sus consejos sobre cómo hacer presentaciones públicas ante pocas o muchas personas.

Tony Robbins es alguien importante para mí. Es un influenciador con gran energía. Una de sus enseñanzas es que hay que tener todo el tiempo el estado mental elevado, de esa manera siempre estás mejorando tus actuaciones y tus expectativas. Si hoy corriste 30 minutos, mañana corres 35. Si hoy no estuviste sino a media máquina, mañana te tienes que esforzar el doble. La idea es estar mejorando todo el tiempo, porque lo que plantea Robbins es que la manera de lograr alegría y felicidad es progresando. Para él el progreso es igual a la felicidad.

También admiro a Gary Vaynerchuck, un nuevo influenciador y gran gurú de la disrupción de las redes y al escritor venezolano Arturo Uslar Pietri † por su capacidad intelectual, su verbo y cultura.

Mi papá, con el que he trabajado mucho, ha sido una pieza angular de mi educación y desarrollo porque es mi ejemplo e inspiración. Su capacidad de trabajo y actitud positiva me parecen ejemplos fundamentales.

Para mí estos roles a seguir se han convertido en mis mentores porque han roto paradigmas y han logrado avances muy importantes y logros cruciales para toda la sociedad. Ese es el tipo de gente que debes tener presente contantemente. Tener diferentes modelos a seguir hace que tengas cultura, temas de conversación, eleves tu nivel cultural, intelectual y espiritual. Cuando estás pasando por una situación difícil es importante consultarlos si los tienes cerca, o si no, los leas y pienses en cómo podrían haber reaccionado ante tal situación y cómo la habrían resuelto. El resultado es muy poderoso, porque es como si tuviera una junta asesora personal que me aconsejara constantemente.

Técnicas a usar

Las presentaciones públicas

Como corredor, es habitual tener que hacer presentaciones ante pocas o muchas personas. Estas presentaciones públicas deben prepararse bien para que sean efectivas. Mi metodología la aprendí gracias a Tony Robbins.

Para este método, se divide la presentación es cinco partes bien definidas, que van a captar la atención de tus interlocutores y harán que se sientan impactados por tus palabras.

A los cinco pasos se les da una letra que a su vez forman un acrónimo. En inglés es ILASA, que traducido al español sería MAPEA. Eso corresponde a: Me pasó, Apoyo, Presentación, Emoción, Acción.

La presentación se organiza en base a eso, sabiendo que en cada una vas a explicar algo diferente.

Se comienza con Me pasó. Allí cuentas una historia personal, una anécdota que viviste o una situación que te pasó y que se convirtió en un aprendizaje. Este comienzo debe ser contundente.

Acto seguido se pasa a Apoyo, o sea, convencerlos de las ventajas de adquirir el producto o servicio y las consecuencias desfavorables que tendrá el no adquirirlo. Debes convencerlos de que al tomar la decisión de comprar habrá desventajas y si compran tendrán ventajas. Les explicarás qué pasa si compran o si no compran. Lo ideal es apoyarse en la parte positiva de lo que se va a hacer, qué satisfacción, seguridad o placer se obtiene si se hace, o qué dolor se produce si no se hace. Esto hay que recalcarlos porque en esta parte tocarás la ficha emocional de tu audiencia.

En tercer lugar, viene la Presentación. Aquí vas a hablar sobre tu producto y todos sus valores y características. En 30 segundos deberías hacer un resumen gerencial de lo que presentas y ofreces. Prosigues con Emoción, porque eso es lo que vas a hacer, emocionar a tu auditorio. Debes ponerlos en un estado mental positivo y optimista. Haz que se levanten, que levanten las manos, que se alegren.

La presentación termina con Acción, que es la venta cruda. En ese momento los vas a convencer totalmente de que compren tu producto, que inviertan en el futuro y lo hagan ya. Esto se tiene que preparar bien, ya que en esta parte debes engancharlos para la compra.

Esta estructura funciona bastante bien, comienzas con lo que te pasó, luego apalancas la experiencia positiva o la negativa, después explicas qué vendes, emocionas a la audiencia y terminas vendiendo.

No olvides hablar claro, ser expresivo y articulado, pronunciar bien pero sin exageración, ser pausado y usar la respiración para relajarte.

Antes de una presentación pública también es importante que te prepares emocionalmente para que estés en un estado mental positivo. Durante 15 minutos respira, concéntrate, levántate, salta, piensa intensamente en mensajes positivos y optimistas. Todo ello te dará la energía necesaria para transmitir el mensaje de forma fácil, rápida, clara y con sentido.

Si tienes miedo escénico, la mejor manera es ensayar y practicar constantemente. Hazle la presentación a tu pareja, tus hermanos, tus hijos, tus primos, tus tíos, tus amigos. Da la charla en un grupo que conoces bien para disminuir la tensión. Eso te ayudará a eliminar el miedo y perfeccionarás las presentaciones.

El *networking* en el corretaje de seguros

El *networking* o los contactos en los negocios son importantes sea cual sea tu profesión. Esas redes de contactos te abrirán las puertas a nuevos clientes, productos y datos muy necesarios para tu trabajo.

Eso significa que tienes que ser una persona sociable. Acude a los eventos de la cámara de comercio de tu país, averigua si hay representaciones de las cámaras de comercio de otros países y ve a las presentaciones, allí conocerás representantes de trasnacionales importantes.

Llega temprano, mira a los ojos a tus interlocutores, da la mano con firmeza y seguridad. Practica antes para explicar en 30 segundos qué haces. Este *Elevator Pitch* hará que la gente sepa a qué te dedicas lo más rápido posible.

Mientras más personas conozcas, mejor te irá. La empatía y el *rapport* que establezcas es fundamental. Trata de encontrar rápidamente los puntos en común para que la conversación pueda fluir. No olvides entregar y recibir tarjetas de presentación y luego haz seguimiento de las personas que te puedan interesar, ya sea invitándolos a un evento de tu compañía o simplemente a tomarse un trago o un café.

No dejes de lado los eventos sociales, deportivos y culturales. Inscríbete en un club de prestigio y buena asistencia, participa e involúcrate con el club de manera constante. Asiste a espectáculos culturales y a prácticas deportivas. Utiliza tus hobbies y entretenimientos para conocer gente, ya sea un club de tenis, un grupo de gente que se entrena para maratones o un coro. Mientras más tengas en común con cada grupo, mejor relación tendrás que redundará en datos, informaciones, clientes nuevos o potenciales. La cantidad de ventas que proporciona el *networking* es muy alta.

Hazte notar en los sitios por buenas razones. Si en algún evento tienes algo que aportar, no pierdas la oportunidad. Puede ser algo tan simple como contar una historia, hablar de tu marca personal o contar una anécdota, un buen mensaje o una narración interesante. No seas sólo un testigo sino también un participante activo. No olvides usar la técnica MAPEA para la presentación e impactar a la audiencia.

Con estas acciones tu radio de acción se podrá expandir. No sólo a la gente que conoces sino también a periodistas, compañías de publicidad, televisoras, radio. Todos esos medios proyectarán tu imagen mucho más que si solo usas el teléfono y las redes sociales.

Recuerda que el progreso y la felicidad van unidos. Mientras más *networking* hagas, más crecerá tu cartera de clientes, lograrás una base sólida que se incrementará año a año y aumentará tu valor de transacción.

La gente recomienda más las personas vinculadas con los productos que los mismos productos, aprovecha para darte a conocer y convertirte en alguien que, a partir del *networking*, sea siempre recomendado.

Los testimoniales

Un testimonial es la opinión de un cliente que puede difundirse en diferentes medios. Puede ser una opinión escrita, o mejor aún, un video grabado en el que hable de ti y que tú puedas difundir por las redes sociales y en la página web de tu empresa u organización.

Si llevas varios años en tu negocio, es muy posible que tengas clientes muy satisfechos, que estuvieron contentos con tus capacidades profesionales y que podrán dar su opinión sobre tu trabajo y desempeño.

Por eso es importante estar pendiente de los clientes, preguntarles cómo les fue, si se sintieron satisfechos. Si ves que fue así, que te recomiendan a otros clientes, puedes también pedirles que digan unas palabras sobre ti.

Un testimonial es una publicidad muy buena, porque no es pagada y es una prueba de que lo que haces es de calidad, de que tu trabajo tiene sentido y de que estás cumpliendo con tus clientes.

Un buen testimonial puede representar cien nuevas ventas, que quizás sean cientos de miles de dólares en ventas. Los testimoniales dan información a otros clientes de lo que son tus valores, de lo que opinan tus clientes y de la confianza que pueden tener en ti.

 # CAPÍTULO 4

Finanzas personales

Las ventas necesarias para poder vivir

Tener organizadas tus finanzas personales es muy importante. El asunto no es ganar dinero y gastarlo sin orden, las finanzas deben ser sumamente ordenadas y planificadas, de manera que los meses buenos sostengan los meses malos y siempre haya un remanente que permitirá tener una vida agradable y una vejez sin angustias.

En las diferentes etapas de la vida varía la organización financiera. Una persona muy joven que está comenzando a trabajar, posiblemente viva con sus padres y está por comprar un auto y pensando en la posibilidad de una vivienda. Más adelante tendrá un cónyuge que también aportará al hogar, pero aumentan los gastos. Seguramente habrá que comprar una vivienda mayor pensando en el futuro. Posteriormente llegan los hijos, a los que hay que vestir, cuidar y educar. Más adelante los hijos se independizan y los gastos merman, pero también la edad es mayor y eso implica que se debe tener una base porque la jubilación está próxima. Para cada época hay diferentes presupuestos y planes de trabajo.

Para ello se deben organizar los ingresos y egresos. Una vez establecido eso, se sabe qué es lo indispensable para vivir y también que tu trabajo no puede bajar de esos niveles. Si se necesitan 10 mil dólares anuales, hay que calcular qué cantidad de ventas darán el porcentaje necesario para llegar a ese monto. Por lo general, las comisiones son del 10%, eso quiere decir que hay que vender un mínimo de 100 mil dólares anuales en pólizas. Si cada póliza cuesta unos 4 mil dólares, se deben vender 25 pólizas anuales como mínimo.

¿Cómo se venden 25 pólizas anuales? Se divide el año en meses efectivos de trabajo, digamos 11 meses. Eso quiere decir que hay que vender más de dos pólizas mensuales. El porcentaje promedio de cierre de un corredor de seguros es del 20%, eso quiere decir que no se deben visitar menos de 10 personas al mes.

Como se ve, el azar no influye, lo primordial es ser muy estricto en el trabajo, hacer un calendario de visitas y de seguimiento. Al año siguiente habrá clientes referidos, lo que implican más visitas y eso significa que habrá más pólizas vendidas y más ganancias. Así, año a año van aumentando las visitas, las ventas y la cantidad percibida por comisiones.

Si no se tiene una meta económica precisa, no se podrá cumplir. Para construir la cartera de clientes necesaria se necesita disciplina, organizar el tiempo, emplear los contactos, cuidar el *networking* y cumplir con los clientes. Así se logran las metas.

Planificación de la carrera

Una carrera de corredor de seguros bien planificada implica pensar a largo plazo para cubrir las diferentes etapas de la vida y tener un plan de jubilación.

En el capítulo anterior explicamos la manera de lograr una cartera ideal. Pero eso no es suficiente, porque es necesario ir creciendo de manera que, aunque al llegar a la jubilación, se tengan ingresos que no dependan únicamente de las ventas.

Para eso lo ideal es formar una agencia de corretaje. Establecer una compañía y unir a un grupo de gente de confianza, familia, pupilos, empleados, a los que se transmitan conocimientos y a los que se entrenará.

Por ejemplo, el curso que doy en línea curso puede ser regalado a empleados y *brokers*. Es fundamental que ellos estudien, se desarrollen y se les den posibilidades de éxito.

Una agencia general de corretaje se ocupa de darle contratos a subagentes. La persona a cargo da apoyo, soporte, experiencia y entrenamiento. La agencia proveerá la plataforma tecnológica y de soporte para que cada uno de los subagentes puedan crecer y tener éxito en el mercado.

Al formar una agencia, el encargado recibirá una parte de la comisión del subagente. A esto se la llama *overrider*, y puede ser entre el 2.5 y el 10% de la comisión del subagente.

Eso significa que al agente le conviene que a sus subagentes les vaya lo mejor posible, porque de todo lo que él venda, recibirá una parte. El subagente tiene el apoyo de un agente de mayor experiencia, y éste a su vez forma parte del negocio. Mientras más subagentes, más crecerá la agencia y habrá más clientes, más pólizas vendidas, más comisiones.

Estos equipos de alto desempeño pueden ser muy exitosos en lo profesional y muy satisfactorios en lo personal, ya que se formará un grupo de personas que remarán en el mismo barco, con la misma visión, igual propósito y que desarrollarán lazos de amistad.

Después, seguro que cada uno de esos subagentes formará su propia agencia general. Y esa será otra satisfacción, la del alumno que supera al maestro, lo que prueba que éste hizo bien su trabajo.

Con esta planificación, se logran buenas jubilaciones, porque llegará un momento que se tiene un equipo de ventas. El encargado de la agencia se encargará de dirigir la organización, ayudar a los clientes a solucionar casos complicados y a entrenar al personal.

La edad más productiva suele ser entre los 25 y los 50 años, antes de pasar a la etapa de dirección. Esta fórmula puede ayudar a hacer cómoda y eficientemente la transición y a garantizar una vejez libre de sobresaltos.

Generación de ingresos pasivos

La generación de ingresos pasivos debe ser parte de la planificación a largo plazo, y se logra poniendo los huevos en diferentes cestas.

Una posibilidad es tener varias fuentes de ingreso, otras hacerse con buenas pólizas de seguros de enfermedades terminales y de discapacidad. Las varias fuentes de ingreso tienen que ver con el ahorro. Lo ideal es dedicar el 10% de los ingresos a ahorrar. Este dinero, a su vez, se dividirá en tres partes.

Una parte de los ahorros estará en efectivo, y no debería ser menor a seis meses de lo que se necesita para vivir. Esto es, si los gastos anuales son 10 mil dólares, en los ahorros en efectivo se deben tener como mínimo 5 mil dólares.

El segundo tercio va a inversión en acciones, bonos de la deuda pública de cualquier país que ofrezca seguridad, acciones en compañías muy sólidas. Ese monto puede ir creciendo y reinvertirse o dividirlo e invertir parte de las ganancias y ahorrar el resto.

El tercio final será para inversión en bienes raíces, ya sea viviendas u oficinas. No recomiendo, a menos que sea un constructor, invertir en planos, porque no es infalible. Es preferible tener bienes seguros que produzcan rentas también seguras.

Es mejor que las inversiones sean menos provechosas, pero más seguras. Es importante cuidar el capital e invertir en economías sólidas.

Para lograr la solidez financiera hay que controlar los gastos. Nunca se debe gastar más de lo que ingresa, jamás hay que dejar de ahorrar el 10% del total. Por eso todos en la familia deben tener disciplina, compromiso y dedicación.

Es importante comprender que hay diferencias entre gastar e invertir. No todas las deudas son malas. Algunos préstamos tienen intereses muy bajos y vale la pena tomar el riesgo. Si se compra una vivienda y se tiene el dinero en efectivo, se puede hipotecar y el dinero exento invertirse a una ganancia anual superior al interés que cobra el banco por el préstamo. Ese diferencial es también un ingreso pasivo.

Ingresos estables, ahorro y buenas inversiones son las bases de un futuro seguro.

Los estándares son para subirlos

Los corredores de seguros exitosos, en todos los casos, son personas que siempre están subiendo su nivel. La idea es ponerse metas y, al llegar, subir la barra y nunca quedarse en la zona de confort.

Si un año se consiguieron 25 clientes, el próximo serán 50 y el siguiente 75. Eso permite tener excedentes para las cuentas de inversión, el fondo de reserva de seis meses y los bienes raíces que generarán los ingresos pasivos.

Eso significa, también, dedicarse a la profesión: viajar más, tener más reuniones y cerrar más negocios. Si al principio de la carrera se hacen dos reuniones diarias, el ritmo debe aumentar, de manera que se lleguen a cinco reuniones cada día.

La única manera de crecer es la superación. Las carteras de clientes no tienen límites, el mercado puede ser infinito. Se puede comenzar vendiendo pólizas de 4 mil dólares, pero por medio de la especialización se puede ir aumentando a pólizas de 10, 20, 50, 200 y 500 mil dólares.

Mientras el negocio aumenta y se perfeccionan las técnicas de ventas, más se sube y allí se conoce gente poderosa a las que se le venden pólizas más costosas y por medio de las que se llega a mercados más altos y exclusivos.

Es como correr. Al principio se corren 30 minutos de forma suave, luego los mismos 30, pero a ritmo más rápido, luego serán 40, 50 o 60 minutos. No sólo hay un progreso en el ritmo de carrera, sino que mejora también la salud.

Nunca hay que conformarse ni quedarse tranquilo, hay que ponerse metas, cumplirlas y excederlas.

El poder del interés compuesto

El interés compuesto tiene grandes ventajas. Es importante conocer todas las ventajas que puede proporcionar.

En finanzas hay interés simple e interés compuesto. Con el interés simple, si se invierte una cantidad, se recibirán unos beneficios al final del período. En cambio, con el interés compuesto, los beneficios se reinvierten, de manera que cada vez se tiene más capital invertido. Eso significa que los beneficios se van multiplicando de acuerdo con unas fórmulas matemáticas.

Para dar un ejemplo deportivo, podemos imaginarnos una partida de golf. Cada partida tiene 18 hoyos. Si se apuestan 10 centavos de dólar en el primer hoyo y se duplica esa cantidad por cada hoyo a jugar, al final de la partida la apuesta será de más de 13.107 dólares. Esto es porque en el primer hoyo se apuestan 10 centavos, en el segundo 0.20, en el tercero 0.40, y luego 0.80, 1.60, 3.20, 6.40, 12.80 y las cantidades se duplican hasta llegar al final con 13.107 dólares en el último hoyo.

¿Cómo se aplica eso en nuestras vidas? Muy sencillo. Hay que ahorrar. La tercera parte de lo ganado debe ir a una cuenta de ahorros, la creación de un fondo de emergencia, la inversión en acciones y reservas para comprar bienes raíces.

Hay muchas compañías en las que se puede invertir, ya sea comprando acciones, o depositando el dinero y reinvirtiendo las ganancias, beneficiándose así del interés compuesto. Lo fundamental es que los beneficios de los ahorros no se gasten, sino que se dediquen a reinversión.

"La autenticidad nunca es perjudicial, siempre es una ventaja."

CAPÍTULO 5

Herramientas para alcanzar las metas

La tiranía del cómo

Me ha sucedido que al preguntarle a agentes y corredores si cumplieron con sus metas me contestan que no pudieron. Cuando inquiero sobre la razón, las respuestas suelen ser: "no sé cómo", o sea: "llamé al cliente, pero no sé cómo insistirle sin resultar fastidioso". "Lo vi interesado, pero no terminó de cuajar la venta". "Hice de todo, pero no sé qué más hacer".

La tiranía del "cómo" implica que alguien aplica las mismas técnicas todas las veces, y cuando no le funcionan no entiende que hay que tener una aproximación diferente para lograr sus metas y, como sigue haciendo lo mismo, se queda estancado en el cómo hacerlo. Esto es, en vez de cambiar su estructura de pensamiento y ver qué otros métodos lo ayudarán, solo piensan en cómo hacerlo igual a como siempre lo ha hecho.

Una de las características de las personas de éxito es que no son rígidas. Desarrollan una metodología para hacer las cosas, pero saben que si lo que hacen siempre no funciona, hay que buscar otra manera. No hay que quedarse estancado en una manera de hacer las cosas, una manera de presentarse o una manera de cerrar el negocio. Cada cliente es diferente y cada circunstancia es distinta, así que es posible que en cada venta haya que revisar la estrategia para saber si será la adecuada o no.

Una vez que se rompe esa tiranía, los negocios cambian, porque al no estar pendiente del "cómo" cambian las motivaciones y no hay estancamiento. Es muy importante no confundir movimiento con logro. Alguien que no sabe cómo hacer algo, también evita lo que debe hacer: llamar a los clientes, reunirse, hacer citas, visitarlos. En vez de activarse, pierde el tiempo yendo al banco, mandando correos, revisa *WhatsApp*, es decir, procrastina en vez de ocuparse de su negocio, que consiste en obtener nuevos clientes, hacer más citas, vender más y conseguir más datos.

Por eso jamás hay que confundir movimiento con logro, lo importante es el comprender que cada póliza, cada cliente y cada venta necesitarán nuevos acercamientos. Si uno falla, habrá que aplicar otros.

¿Qué, por qué y para qué?

Desarrollar negocios basados en el "por qué" es muy importante en la actualidad.

Cuando a Steve Jobs lo buscan de nuevo para que renueve Apple, su actitud era otra porque había un cambio de paradigma. La pregunta que hizo era ¿por qué queremos hacer esto? Y la respuesta fue: porque queremos cambiar, queremos conectar a la gente con sus pasiones. ¿Para qué? Para que las personas se sientan cómodas en cualquier lugar del mundo. De allí salió el IPod y el resto de los maravillosos productos que permitían que la gente pudiera correr, caminar, cocinar al mismo tiempo que escuchaba música.

Por eso es tan importante comenzar con un ¿por qué? En el corretaje de seguros es fundamental tener un propósito: proteger a los clientes, proveer a la familia, dejar un legado, que mis descendientes hagan lo mismo que yo, tener una cartera sólida que poder pasar a mis hijos.

Se comienza con un propósito y luego viene la siguiente pregunta: ¿para qué? Que puede responderse con: para tener calidad de vida para mí y los que me rodean, para cumplir con mi cuota de responsabilidad social. Sólo al final viene la pregunta ¿qué? Y ese es el momento de la venta directa.

Hacerse nuevas preguntas, replantearse esquemas, mirar las cosas desde otro ángulo, aplicar técnicas diferentes son fundamentales tanto en los negocios como en la vida.

El arte de la empatía

Conectar con el cliente no es únicamente ser cortés y profesional. La conexión puede darse espontáneamente, pero también la actitud ayuda mucho.

Al ir a visitar a un cliente se debe aprovechar la oportunidad de conocer su entorno, porque los objetos dicen mucho sobre la persona. Al entrar en el despacho el espacio habla y dice dónde estudió por medio de algún emblema universitario; si tiene esposa e hijos por las fotos; si participa en algún deporte por las medallas o trofeos. Ver estos elementos puede abrir el camino para conectar con el cliente y empatizar con él.

El trato del corredor es fundamental, mirar a los ojos, dar la mano de forma cálida y decidida, mostrar que se tiene interés por la cultura y gustos del cliente dará una buena impresión. Alguien que mira los signos a su alrededor, toma información de ellos y los incorpora a su presentación de ventas está haciendo lo adecuado.

En cambio, un vendedor que llega, saluda y pasa directamente a la venta, sin establecer una relación previa quizás no llegue a buen puerto. Lo mejor es hacer una exposición rápida y contundente en la que comiences con algo simpático para comenzar la conexión. Para eso puede comenzarse hablando sobre lo que se tiene en común, sean los hijos, el colegio o universidad a la que fueron, los deportes que se practican o el equipo del que son aficionados. Si se comienza hablando de eso, la conversación será diferente y cuando se pase a la venta, será más fácil cerrar el negocio.

La autenticidad como regla

Ser sincero y genuino debería ser una regla a seguir en la vida, pero especialmente en los negocios. Comportarse con autenticidad frente a los clientes logra la empatía de éstos y eso abre muchas puertas. Las personas auténticas muestran tanto sus logros como sus errores. La humildad es parte de la autenticidad, sobre todo en estos días en el que la transparencia es uno de los valores más apreciados.

Un corredor de seguros debe ser transparente y sincero con sus clientes: hablarles claro, explicar el alcance de las pólizas, las exclusiones, las ventajas y desventajas. Si un corredor habla desde el corazón y sin falsedades, sin dar falsas expectativas ni ocultar nada, le irá bien.

Es importante ofrecer solamente lo que se puede cumplir y lograr que la misión del seguro se satisfaga. Esto es, que en el momento del problema el seguro cumpla y pague el siniestro.

Si el negocio se hace de forma legítima y sincera, no sólo se mantendrán los clientes, sino que además serán leales, y referirán a otros clientes, es decir, contribuirán a aumentar la cartera del corredor.

La autenticidad nunca es perjudicial, siempre es una ventaja. El éxito lo logran el corredor auténtico y sincero porque genera confianza y demuestra con los hechos que no es solo una máscara en la reunión previa o en las redes sociales, sino alguien que cumple. La autenticidad genera confianza, la confianza genera compromiso y el compromiso genera relaciones a largo plazo.

Las falsedades se descubren, lo mismo pasa con las mentiras piadosas o no piadosas. Es preferible hablar con la verdad y decirle al cliente exactamente qué puede esperar, qué está cubierto por la póliza y qué no. Y eso hay que hacerlo en el momento preciso, no decir una cosa antes y luego dar largas al asunto y dejar al cliente desgastado por unas expectativas que nunca se cumplieron.
Una vez que sucede un siniestro, el buen corredor debe analizarlo y llamar al cliente para darle las explicaciones precisas y si el

siniestro está o no dentro de los términos de la cobertura. Pero eso debe hacerse pronto, no esperar meses para decírselo porque da vergüenza dar una mala noticia. No proveer la información de forma rápida y precisa solo genera desconfianza.

La transparencia también es fundamental para los jefes de agencias con otros agentes y con los empleados. Por lo general, las agencias suelen unirse a compañías aseguradoras que pagan comisiones directas a los agentes, eso es preferible porque alivia los gastos administrativos de la empresa y los corredores ven que no hay manejos oscuros, sino todo lo contrario.

La confianza del cliente en el corredor es fundamental, y eso se logra manteniendo la palabra empeñada y cumpliendo con lo que se prometió al vender la póliza.

El vestuario en el corretaje de seguros

Los tiempos han cambiado y la vestimenta formal ya no es la única que se utiliza en negocios, pero nunca está de más usar el vestuario para mostrar personalidad, sentirse cómodo y, al mismo tiempo mostrarle al cliente que lo valoras. Eso hace que el vestuario pueda ser formal, semi-formal o informal dependiendo del tipo de cliente.

Los corredores de seguros de compañías multinacionales o del sector bancario tratan con clientes más conservadores, así que es mejor ir con traje de buen corte y corbata. En el trópico, el vestuario puede ser más ligero, pero no informal. Si la clientela está formada por comercio minorista o individuales, se puede usar ropa un poco más casual.

La personalidad de la persona se demuestra con el vestuario. Por ejemplo, a veces utilizo las pulseras de identificación de algún evento al que asistí. O uso yuntas diferentes en cada muñeca, o un reloj informal y simpático, o uso una chaqueta con algún distintivo. Puede ser también que use lentes de un color diferente a los negros, oscuros, metálicos y grises habituales, también me gustan las medias coloridas y estampadas. Esos elementos no convencionales pueden convertirse en tema de conversación, una manera de romper el hielo y mostrar alguna faceta tuya con la que el cliente se pueda vincular. Pero además, esos elementos diferentes harán que el cliente recuerde al corredor.

Hay otros aspectos muy importantes, estar impecable siempre, bien afeitado, con un buen corte de pelo, peinado y perfumado porque son detalles que el cliente siempre aprecia. El vestuario muestra lo que eres, es un reflejo de tu personalidad, por eso la autenticidad también se muestra mediante la ropa.

¿Cómo establecer *rapport*?

La palabra *rapport* viene del francés y significa conexión. En los últimos años ha sido empleada por los neurocientíficos, o especialistas en programación neurolingüística. Para ellos, el cerebro se comunica con la lengua a través del olfato, la vista, el oído y el tacto.

La programación neurolingüística puede hacerse por tres vías: la visual, la kinestésica y la auditiva. Estudiar los fundamentos de la neurolingüística puede ser muy útil para un corredor de seguros. Al visitar un cliente es importante observar en qué canal se encuentra. Hay personas que tienen una mirada profunda, lo que muestra que son personas visuales. Hay otras que buscan el contacto físico, ya sea dando la mano con fuerza, dando un golpecito en el hombro o en la espalda, esas son personas kinestésicas. Hay otras que son más auditivas, esto es, que quieren escuchar.

En cualquiera de los casos, hay que establecer *rapport* de acuerdo a cómo es la persona. Si encuentras a un cliente y le das la mano, y responde con un abrazo, ya sabes que es una persona kinestésica y que responderá bien al estímulo táctil. Revisa el contacto visual con la persona, míralos a los ojos. Escucha. Para ello, muestra tu personalidad, pero es importante también que te expreses de manera que facilites la comunicación con el cliente.

La PNL (Programación Neurolingüística) funciona, sobre todo, para acelerar el proceso de empatizar con el cliente. Una vez que se da la conexión, es el momento de hacer tu presentación y cerrar la venta. Antes de la conexión, es muy difícil que se dé la venta final.

Si no es una persona, sino una audiencia, el *rapport* se da a través de las emociones. La PNL puede funcionar con cientos de personas o con una sola, pero hay que saber utilizarla y es importante profundizar en su estudio. Lo que aprendas y memorices ayudará y será por el bien de tu crecimiento personal.

Algo muy importante es alimentar el cerebro todos los días. Anteriormente hablamos de los 15 minutos diarios de mensajes positivos, por ejemplo. Al cerebro hay que tratarlo como un músculo, así que hay que entrenarlo todos los días igual que la gente que va al gimnasio a levantar pesas. Primero se levantan 20 kilos, después 40 y así, poco a poco se va subiendo y al pasar los meses se llega a 100 kilos. Con el cerebro hay que entrenarlo leyendo, ya que eso aumenta el vocabulario, pone en contacto con nuevas ideas, permite hacerse preguntas y pensar en las respuestas, aumenta el conocimiento y los temas de conversación. Todo eso ayudará a tener más clientes y cerrar más ventas.

Las diez mil horas

Para convertirse en un experto en cualquier desempeño, oficio, disciplina o negocio, se necesita un mínimo de 10.000 horas de práctica y experiencia. Ese es el planteamiento de Malcolm Gladwell en su libro *Outliers: The Story of Success* (en español se llama *Fuera de serie: Por qué unas personas tienen éxito y otras no*), donde ejemplifica esa cantidad de horas con las gimnastas infantiles. Esas niñas reciben un entrenamiento diario de cinco horas, cinco días por semana. Ese proceso tiene que ser llevado a rajatabla si quieren ser deportistas olímpicas, ya que, a partir de los 15 años de edad su cuerpo cambia y deben cambiar de disciplina.

En Canadá se hizo un estudio muy importante sobre los equipos de hockey de la NHL (National Hockey League, que agrupa a los equipos de Estados Unidos y Canadá). Los niños que comenzaban a jugar hockey solo eran aceptados a partir de cierta edad. Los que nacían en marzo, por ejemplo, tenían 8 meses de ventaja sobre los que nacían en septiembre, porque habían podido entrenar muchas más horas. Por eso, cuando se hacían los *playoffs*, siempre quedaban los niños que habían nacido en los primeros meses del año, esto es, los que comenzaron su entrenamiento más temprano. Las madres canadienses organizaron sus embarazos para dar a luz antes de marzo, de manera que sus niños entraran antes y el equipo canadiense clasificara. A partir de entonces el equipo canadiense infantil le lleva una gran ventaja a los demás equipos, porque las horas de práctica se notan.

Si los grandes atletas necesitan esas diez mil horas, ya sea en la cancha, el parque o en la piscina para lograr un nivel superior, de la misma manera los corredores de seguros necesitan diez mil horas para llevar su experiencia profesional a un nivel superior.

Esas diez mil horas de dedicación al trabajo son muchos años de trabajo, porque la gente trabaja por lo general 8 o 10 horas diarias de lunes a viernes. Por ejemplo, un corredor que tenga reuniones con sus clientes en el desayuno, almuerzo y cena, y además entre éstas tenga cuatro citas más tendrá siete reuniones diarias. Esas siete reuniones diarias, multiplicadas por cinco días semanales da treinta y cinco reuniones de trabajo a la semana. En el año, las semanas efectivas de trabajo son cincuenta. Eso quiere decir que en un año, sólo se tiene tiempo para dedicar a reuniones con los clientes unas 1.680 horas. Según esa cuenta, para llegar a las diez mil horas de batalla, se necesitan unos seis años.

Y, por supuesto, aunque necesitamos muchas horas de trabajo, esos planes no siempre se cumplen porque es prácticamente imposible tener más de treinta citas a la semana, también hay que atender a la familia y a los amigos, hacer ejercicio, estudiar, buscar el equilibrio.

Para una carrera exitosa en el corretaje de seguros, hay que concentrarse en llegar a esas diez mil horas. Si se logran en 6 años, en 10 o en 15, no es el problema, lo importante es saber que en el momento que se logran, el porcentaje de cierre del corredor sube mucho, porque ya habrá adquirido tal experiencia que podrá cerrar los negocios por teléfono.

De manera que, para lograr ser un extraordinario vendedor de seguros, se necesitan diez mil horas de dedicación al negocio, lo que incluye formación, actualización y reuniones con los clientes. La dedicación lo logra todo.

Ejercicios para ser positivo

El Placebo eres tú es un libro de Joe Dispenza, en el que este autor estadounidense refleja su historia. Dispenza, a partir de la neurociencia, explica que cualquiera puede usar su cerebro para cambiar sus actitudes.

Anteriormente, resalté la importancia de consumir mensajes positivos todas las mañanas durante 15 minutos. Ese es también el planteamiento de Dispenza, considera que, si todos los días enviamos y recibimos actitudes positivas, éstas se convierten en creencias, que a su vez se convierten en percepciones que ayudan a lograr nuestras metas.

Este proceso de lograr metas parte de una serie de ejercicios. Por ejemplo, es importante pensar en la sensación que sentirás al lograr tu meta, reflexionar sobre cómo se sentirían cada uno de los pasos: vender cien mil dólares en primas y recibir diez mil dólares de comisión, por ejemplo. La sensación sería de libertad, fuerza, vigor, salud, realización, cumplimiento. Esas sensaciones y sentimientos deben fijarse en la mente y ayudarán a tus logros. Tu cerebro estará claro de que los pasos para conseguir las metas se pueden hacer. Y si puedes conseguir llenar los pasos, también podrás llegar a la meta final.

Según Dispenza, también puede usarse para los problemas de salud. Dice que muchas enfermedades pueden mejorar o remediarse si, además de ir al médico y seguir el tratamiento adecuado, tenemos una actitud optimista y le mandamos mensajes constantes al cerebro diciéndole: "ya me siento bien", "estoy perfecto", "el dolor desapareció", "estoy sano". El cerebro tiene capacidad curativa y, si lo entrenamos para los pensamientos positivos, puede hacer que las enfermedades mejoren o se curen. Lo importante es cambiar actitudes, percepciones y creencias y pensar positivamente para lograr lo que se desea.

A mí mismo me ha funcionado hasta preparándome para un maratón. Hace un tiempo decidí hacer un ultra maratón de 50 kilómetros con una preparación de escasos treinta días. Yo ya había corrido veinte maratones, pero nunca un ultra maratón. Mientras hacía mi entrenamiento iba pensando en que sí lo lograría, que mi trabajo daría frutos, que mi cuerpo me respondería porque tenía la preparación debida y que iba a llegar perfecto a la meta. Durante toda la carrera me concentré en pensar en el final, en lo que iba a sentir cuando terminara. Pues lo logré. Tardé varias horas, pero llegué al final sintiéndome bien. Mi cerebro ya había decretado que lo conseguiría, no había manera de cancelar ese pensamiento porque yo ya lo había asumido.

Sí se pueden lograr las metas, lo fundamental es tener la disciplina de trabajar, tener pensamientos positivos y decretar el triunfo.

La segmentación

Una de las herramientas que se pueden utilizar para simplificar el proceso de captación, ventas, facturación, cobranza, emisión, renovación y reclamos es segmentar.

La segmentación es una metodología que comencé a usar después de asistir a un evento de Tony Robbins y de ver un video sobre el tema en YouTube. El *chunking* o segmentación consiste en dividir las grandes tareas en pequeñas porciones fácilmente completables. Ir terminando cada una de esas tareas es como una pequeña victoria y así se hace más factible llegar a la meta final.

A veces la gente se ahoga en un cúmulo de actividades, confundiendo movimiento con logros y creyendo que es mejor hacer más. La segmentación simplifica los procesos. Por ejemplo, si debo hacer tres cotizaciones, mandarlas por correo y luego hacer seguimiento, en vez de repetir los pasos en cada una de las cotizaciones, se unifican los procesos: se hacen todas las cotizaciones, luego se envían todas, luego se les hace seguimiento a todas.

Lo ideal es ir probando por ensayo y error qué tipo de segmentación es el adecuado para cada persona y cada actividad. Revisar el tiempo empleado en cada uno de los procesos hasta el cierre y luego ir segmentando. Es importante el apoyo tecnológico, tratar de que las cotizaciones, emisiones y renovaciones sean procesos automatizados y fáciles, sobre todo para las pólizas de consumo masivo. Por ejemplo, si se tiene experiencia en siniestros se sabe qué se necesita para reportarlo, cuáles documentos incluir, ya sean factura, presupuesto o carta aval. Si el proceso se segmenta, el reclamo va saliendo de manera mucho más sencilla y ligera.

Así, al planificar la consecución de grandes metas, se van segmentando los pasos y, cada vez que se logra una pequeña meta puede ser una celebración. Con metas pequeñas se van logrando pequeñas victorias, ese proceso será positivo porque las pequeñas metas son más realizables que las grandes.

Dividir las metas grandes en pequeñas y celebrar los pequeños logros es un método que ayuda a alcanzarlas en cualquier negocio.

La exponenciación y el credo

Esta es otra metodología de trabajo que aprendí en los eventos de Tony Robbins. Por ejemplo, tengo 100 clientes y cada uno paga un valor de transacción de 1000 dólares. Eso es una cartera de 100 mil dólares. Para crecer 150% mi cartera, lo ideal sería incrementar los clientes en un 25%, luego lograr aumentar el valor de transacción un 33% y finalmente que esos clientes me refieran más clientes. Al final de ese año mi cartera será de 250.000 dólares.

El crecimiento exponencial se trabaja en las tres zonas. No sólo se generan nuevos clientes por medio de las recomendaciones, sino que se incrementa el valor de la transacción. Por ejemplo, si lo habitual es vender pólizas patrimoniales, se puede tratar de colocar también pólizas personales, corporativas o de accidentes. Esas otras pólizas que se ofrecen a los clientes son las que subirán el valor de transacción. Otra cosa es solicitarles a los clientes satisfechos que refieran a sus amigos o allegados. Eso aumentará la cartera.

Por supuesto, ese es un trabajo diario, que requiere tiempo y disciplina. Hay que plantearse un credo: este año voy a lograr vender tanto más, aumentaré mi cartera, duplicaré mi número de referidos, aumentará mi valor de transacción y eso significará tanto más al año.

Ese credo se escribe en un sitio que esté a la vista, se comenta con el cónyuge, se le insiste al equipo de trabajo, se repite todas las mañanas y se llega al convencimiento interior de que así será.

Al tener claro el credo, los estándares subirán y se logrará el éxito.

"Pero no sólo es importante lo que se dice,

sino cómo se dice"

 **Capítulo 6**

Las claves del éxito

El propósito en la vida

Mark Twain decía que hay dos momentos importantes en la vida: cuando nacemos y cuando descubrimos para qué nacimos.

Una de las claves del éxito es tener un propósito. Me ha funcionado a mí y les ha funcionado a los miles de personas que tienen gran éxito en el mundo de los negocios.

El propósito es muy importante, porque incluye la misión y la visión, los valores, lo que se quiere, por qué y para qué. Cuando entendemos nuestro propósito y hacemos una introspección clarificamos nuestra visión.

Uno de los métodos que se pueden utilizar para descubrir nuestro propósito es dividir la vida en varios temas muy importantes. Dependiendo de la persona puede haber más o menos temas.
Por supuesto, hay temas que son comunes a todos, sean emprendedores, artistas o gerentes:

- La salud: Es primordial y uno de los grandes pilares de la vida. Como tal, debe ser monitoreada. Es importante cuidar la alimentación, hacer ejercicio y tener revisiones médicas periódicas.

- La familia y la amistad: las relaciones familiares son para toda la vida. Los amigos son los hermanos que se escogen. En ambos casos hay que cuidar las relaciones, trabajar en ellas, cuidar los compromisos familiares. Si en tu negocio participa la familia, con más razón hay que darle prioridad a este tema, ya que se está en contacto constante con ellos en circunstancias que pueden ser estresantes.

- La carrera: los emprendedores deben desarrollar esta área para que sea fundamental. Hay que dedicarle tiempo y energía a los negocios para que progresen.

Estas tres áreas funcionan de manera sincrónica y en concordancia con la misión y visión de la vida. Encontrar el "para qué" hacemos las cosas permite establecer un propósito. Hay mucho talento que se desperdicia, que pasa desapercibido, que no explota sus potencialidades. En la vida hay que ser un creador de soluciones, no un gerente de circunstancias.

La gente sin propósito en la vida pierde tiempo, energía y felicidad. Lo ideal es levantarse con energía la mañana del lunes y salir alegre al trabajo. Eso sucede cuando nos gusta lo que hacemos y comprendemos el propósito de hacerlo, lo que ocasiona que se cambie el concepto de trabajo y comienza a considerarse un hobby. Cuando es así, el trabajo enamora, da satisfacciones y felicidad. Y si hacemos nuestro trabajo con placer, el éxito viene sin duda.

Obviamente, los propósitos en la vida van a ir cambiando y siendo modificados en el tiempo, lo importante es lograr que complazcan y tengan valor agregado. Cuando alguien está satisfecho, también quiere que los demás lo estén, y les ayuda a lograr sus metas. Y ese ayudar a los demás tendrá un efecto retributivo, se devolverá. La persona que colabora con sus semejantes terminará con muchos colaboradores que le irán abriendo puertas y logrará sus propósitos y ambiciones. Tener un propósito en la vida es una de las claves del éxito.

Las leyes vikingas

Hay muchos aprendizajes, incluyendo aquellos provenientes de áreas geográficas que no son las nuestras. Yo soy del Caribe, pero descubrí que hay mucho que aprender de las cuatro grandes Leyes Vikingas. Cuando las seguí organicé muchos aspectos de mi trabajo y mi vida.

Ser valiente y agresivo en los negocios. La agresividad debe considerarse no como un rasgo negativo, sino todo lo contrario. La agresividad en los negocios significa ser ambicioso, no detenerse nunca, tener altos estándares, querer hacer negocios, lograr resultados extraordinarios, ayudar a los demás.

Prepararse intelectualmente. Estudiar, leer todos los días, tener mucha información posible sobre el negocio, planificar cómo se van a hacer las ventas. Antes de una presentación de ventas, se hace una preparación, se escribe el esquema y se practica frente al espejo. Nunca se sabe cuándo va a llegar una magnífica oportunidad y hay que estar siempre preparado para cuando suceda.

Mantener el campamento en orden. Todas las responsabilidades deben ser planificadas y dividas en partes. Es valioso realizar planes de acción masiva. La misma planificación que se hace para la vida personal, también debe hacerse para el trabajo.

Ser siempre un buen comerciante. Eso no quiere decir elevar el precio sin razón, sino mantener la alegría del ganar-ganar, porque cuando el vendedor y el cliente ganan, la relación es mejor y se mantiene a largo plazo. Valorarse por lo que se es, ni mucho ni poco, siempre lo adecuado a lo que estás ofreciendo. Ser un buen comerciante garantiza que el cliente renueve la póliza, que se tenga una cartera sólida y los ingresos sigan fluyendo de por vida.

Éste es un compendio de las cuatro leyes vikingas, que son importantes y claves para el éxito en el corretaje de seguros y para cualquier emprendedor, sea que esté comenzando un nuevo negocio o que decida tener una nueva etapa.

Invertir en uno mismo

Para ser corredor de seguros hay que prepararse mucho. Eso significa invertir en uno mismo: estudiar, ir a seminarios, charlas, conferencias, consultar y seguir en la red la mayor cantidad de tutoriales relacionados con los seguros.

Además, es bueno alimentar la parte motivacional de las ventas, aprender de programación neurolingüística y de inteligencia emocional.

Comprar y leer libros es fundamental. Se puede aprender mucho en los libros de Norman Vincent Peale, Zig Ziglar, Tony Robbins, Les Brown, Napoleon Hill, todos esos influenciadores que son los grandes gurús contemporáneos de las ventas.

Asistir a seminarios es una inversión que siempre vale la pena. Es bueno tratar al cerebro como un músculo y hacer trabajar la mente para que siga creciendo y se expanda.

El corretaje de seguros es un negocio que involucra las relaciones públicas, por lo tanto, conectar con mucha gente de altos cargos. Para ello deben dominarse cantidad de temas de conversación, lo que significará que se estará al nivel de los interlocutores.

Un detalle importante para lograr el éxito como vendedor es ser cliente de todo lo que se vende. Eso implica adquirir pólizas de salud, vida, automóvil, incapacidad, seguros de vida con ahorros. Si el vendedor es su propio cliente, transmitirá a los demás seguridad, convicción y certeza porque conocerá bien el producto.

Rodearse de la gente adecuada, esto es, positiva, de calidad, que nos nutra intelectual y emocionalmente es muy importante. Es bueno no ser el mejor de cada grupo, sino estar en grupos donde se sienta la necesidad de mejorar y elevar el nivel.

El padre de mi mejor amigo, me dejó dos de grandes enseñanzas que son un mensaje clave: "Mientras más trabajo, más suerte tengo". Él tiene hoy en día 89 años y sigue activo, interesado y trabajando. Hace unos siete años me pasó algo con él que fue toda una experiencia. Tuvimos una fiesta en la casa y estuvimos reunidos desde las 3 pm hasta la 1 am. A la mañana siguiente me despierto muy temprano para correr y me lo encuentro elegantísimo, vestido de traje y corbata, afeitado y perfumado. Cuando le pregunto a dónde va me contestó que iba a trabajar. No importaba el trasnocho, sino que tenía la fuerza y la disciplina para irse a trabajar a la hora de siempre. Tener propósito en la vida, sea cual sea la edad, es lo que da fuerza para lograr lo que se quiera.

El segundo mensaje clave es: "Siempre hay que tener una ilusión". Al principio él era dueño de una agencia de festejos y soñaba con tener un hotel, cuando logró el hotel soñaba con plantar árboles en su hacienda y cuando hubo plantado más de cien árboles de todas partes del mundo entonces tenía la ilusión de que su mata de dátiles que había traído de Marruecos diera frutos en Galicia. Todos los años la mata crecía, pero no daba frutos, sin embargo él mantiene la ilusión de que algún día le va a producir dátiles.

Hay que trabajar para tener suerte, hay que trabajar, estudiar, prepararse para que se den las oportunidades y la suerte venga y te acompañe.

El poder de la palabra

Las palabras que decimos son siempre importantes, para bien y para mal. Pero no sólo es importante lo que se dice, sino cómo se dice. El ímpetu y la emocionalidad que le imprimas a una palabra también redundará en cómo será percibida.

De esta manera, igual que hacemos el credo o las resoluciones, también debemos hacer cantos para reforzar las palabras y lograr que se cumplan. Esos cantos son los que se hacen en los colegios, los equipos de fútbol o rugby e incluso los himnos de las naciones, que son el deseo de lo que la gente necesita y quiere lograr.

En la vida personal es fundamental tener esos cantos, con ciertas palabras clave que llevan a un estado mental positivo, de tal manera que se asociará el éxito con la palabra. Ya antes te hablé del GoJuancaGo y el método que desarrollé a partir de este grito de ánimo. Por ejemplo, se puede decir "¡Yeah!" cuando se logra un objetivo, pero también se puede decir lo mismo cuando se quiera lograr, de manera de ponerse en la actitud de que se va a lograr.

Recuerdo varios años atrás, que durante unas vacaciones yo jugaba mucho con los hijos pequeños de un gran amigo, (siempre he disfrutado jugar con niños, me convierto en uno de ellos) y la palabra que usábamos para bromear era "Chiquiriguaoguaobuba" para decir que algo era estupendo. Aún hoy cuando recuerdo esa palabra pienso en una playa espectacular, una piscina deliciosa, un hermoso paisaje y me conecto con el sentimiento de plenitud y alegría de aquel momento. La palabra, además, quedó para el grupo como identificadora de esas vacaciones. Los niños hoy ya mayores aún la recuerdan.

El cerebro tiene más de 700 millones de terminaciones nerviosas y realiza vinculaciones asombrosas. Una palabra se asocia a lo bueno y eso hace que nos llenemos de energía, optimismo y logremos lo que queramos.

Las malas palabras se pueden decir en algunos lugares y con personas de mucha confianza, pero hay que saber en qué momento se dicen y con qué tono y acentuación, porque están vinculados con emociones negativas y, por tanto, afectan negativamente.

Cuando se dice algo malo de uno mismo, se está decretando y la persona se llena de negatividad. En algunas culturas la maledicencia es un pecado y la castigan. No es buena idea pensar que nos pueden suceder cosas malas, porque es como basura que ponemos en nuestra psique. De igual manera, no se debe hablar mal del prójimo. Yo utilizo una frase que la repito con mis hijos "Si no tienes nada bueno que decir, mejor quédate callado".

En cambio, es una buena práctica mandarse a uno mismo mensajes positivos, curativos. Por ejemplo, ante la enfermedad hay que pensar no en lo malo, sino convencerse a uno mismo de la curación. Al cambiar la sensación, también cambia el pensamiento y el dolor se atenúa porque no hay un foco en él.

Cuando se cambia la expectativa por la apreciación, la vida cambia para mejor, como dice nuestro amigo Tony Robbins. Esto se refiere a que a veces tenemos expectativas de las personas o situaciones que nos rodean, familiares, amigos y colegas y cuando no actúan o suceden como esperamos, nos frustramos y nos paralizamos. Cuando cambias esa expectativa por apreciar que están allí, que eso que sucede a veces por el bien, tu vida cambia inmediatamente para mejor.

Hay un libro muy importante y valioso llamado *El hombre en busca de sentido*, de Victor Frankl. Él era un psicólogo que fue confinado en un campo de concentración nazi. Frankl explica cómo sobrevivió a Auschwitz, diciendo que en esas circunstancias límites te quitan todo lo físico: la casa, los muebles, los objetos, pero lo que no te pueden quitar es la actitud con la que se toman las adversidades y los problemas. Mientras se mantenga una actitud positiva ante las peores eventualidades, se sobrevive. Esa fue su manera de sobrevivir a un campo de concentración, dándose a sí mismo la libertad de pensar positivamente.

Es muy importante utilizar las herramientas positivas para cambiar los pensamientos, no sólo en los negocios sino en la vida personal.

La proximidad

El concepto de proximidad es nuevo e interesante y debe ser aplicado al presente y al futuro. Según Tony Robbins *"Proximity is Power",* la proximidad consiste en: "si quieres tener una vida extraordinaria rodéate de personas que te hacen ser mejor."

La proximidad aplica a los compañeros de trabajo, a esa persona que puede ayudar a conseguir nuestros sueños, ir a seminarios y cursos y conocer a los espectadores y también a los ponentes y profesores, establecer vínculos con ellos. No está de más hacer algo positivo para que nos recuerden, porque en el caso de que se necesite algo de esa persona, le será más fácil establecer la conexión.

La proximidad ayuda en las metas que se quieren cumplir, pero siempre necesita un esfuerzo. Yo aplico la proximidad en todas las actividades. Si voy al aeropuerto, trato de establecer una relación de empatía con la persona que me atiende en el *counter*. En los hoteles me dirijo al *concierge* al llegar, pregunto algo importante relacionado con la ciudad, con el sentido del humor que me caracteriza, un chiste siempre ayuda para establecer una relación.

Siempre tengo un *speech* preparado con el negocio que quiero ofrecerle a alguien. Así, si por casualidad lo encuentro, ya tengo una preparación previa, sé qué comentario puedo hacer para que me preste atención y establecer el contacto.

La proximidad no significa sólo beneficios personales, sino también ayudar a todos los que nos rodean. Si nos establecemos como misión mejorar la vida de los otros, eso no sólo nos da proximidad, sino que también mejora nuestro entorno y eso se devuelve.

El ayudar a los demás tiene muchas vertientes, desde estar dispuesto a hacer lo que los demás no quieren, sean los trabajos más difíciles o complicados. Eso ayudará con los compañeros y también con los clientes.

Por ejemplo, si un viernes en la tarde hay que hacer una carta aval, no es bueno dejarlo para el lunes, es mejor hacerlo en el momento para que quien la necesita la tenga lista. Si un cliente llama a las 3 am, es mejor contestarle porque eso significa que tiene una emergencia y necesita tu ayuda. Quizás otros corredores no lo hagan, pero el que cumpla, va a tener a su cliente para siempre. Además, ese cliente dará proximidad, porque te referirá a otros.

Otro ejemplo, los viernes son días muy importantes para los corredores porque se dan muchas emergencias. El corredor que se va de fiesta ese día va a perder de vista el negocio. Es mejor dar el servicio, ir más allá y diferenciarse de la masa.

Les Brown insiste en que tenemos que hacer lo que los demás no están dispuestos a hacer. La proximidad nos permite conectarnos con gente con la que haremos negocio y cumplirle a los que ya son clientes. Toda esa gente a la que ayudamos también nos ayudará.

Ser un creador de soluciones

Un corredor de seguros no es un gerente de circunstancias, sino un creador de soluciones, el que arregla los problemas de los clientes. Un corredor de seguros no vende una póliza, sino que vende el servicio de la tranquilidad, el que le garantiza a clientes, gente cercana y amigos que va a haber solución a los problemas.

Las pólizas se venden tanto en el mundo corporativo como en el individual. En el caso del mundo corporativo, hay tres personas claves con las que un corredor va a establecer mucha relación: el vicepresidente de finanzas, el vicepresidente de recursos humanos o cultura corporativa y el director de operaciones. Esos son los que están más vinculados a los seguros de la empresa, y es importante acercarse a ellos. Pero por encima de estas estupendas proximidades está el más importante de todos: el CEO o el dueño de la empresa. Una vez que se llega a él se tiene un aval importante para cualquiera de los otros tres. Mi sugerencia es ir primero al CEO y luego a la alta gerencia y no para vender una póliza, sino para ofrecer la solución a posibles problemas de personal, patrimonio o flota.

Uno de los hábitos que siempre menciona Stephen Covey es: primero buscar entender y luego tratar de ser entendido. Para entender hay que hacer preguntas interesantes, porque mientras mejores preguntas se hagan, mejores soluciones se ofrecerán. Eso significa tener genuino interés en lo que hace el cliente, sus problemas y lo que se les puede proponer. Por ejemplo, que tengan un consultorio específico para la patología más común en la empresa o colocarle GPS a los camiones de la flota para que se sepa todo el tiempo donde están ubicados, o cómo hacer un plan de mantenimiento preventivo para las plantas eléctricas de la compañía.

Eso significa tener experiencia, estar informado de los alcances de las pólizas y también de las últimas tendencias del mundo empresarial.

La proximidad se usa para acercarse a las personas precisas que, luego serán la conexión para otras personas con las que se quieren hacer negocios, pero eso no es todo, lo importante es saber ofrecer los servicios que necesitan, de manera que asuman que somos los adecuados para resolver ciertos asuntos y que la relación comience, continúe y fructifique.

Para mantener a los clientes hay que atenderlos muy bien. En nuestra compañía, solemos hacer *brainstorming* con los gerentes de Recursos Humanos o directores de Finanzas para saber qué aspectos se pueden mejorar y qué expectativas tienen como clientes. En próximas reuniones llevamos soluciones para mejorar la empresa.

Tampoco se debe dejar de lado el aspecto de educar al cliente. Es importante dar charlas de seguros en áreas que quizás no están bien claras, o entrenar a los gerentes o analistas para que tengan cultura en seguros. Si el cliente sabe lo que quiere, la comunicación es mucho más fácil y satisfactoria.

Las relaciones con los clientes deben ser a futuro, para eso es importante que todos hablen el mismo idioma, ofrecerles posibilidades, atenderlos debidamente y estar pendiente de sus requerimientos, esto es, crear soluciones.

Crisis: oportunidad, decisión y transformación

Hablar de éxito es también hablar de crisis, porque una crisis también implica oportunidad, cambio y transformación positiva.

Tenemos que aprovechar las crisis, porque esos momentos duros son aquellos en los que la gente piensa en posibilidades de salir de ella, en oportunidades.

Durante una crisis se presentan excelentes oportunidades de negocios para muchas áreas, especialmente para el corretaje. Cuando hay una crisis importante, propietarios, gerentes y empleados se unen para encontrar maneras nuevas de resolver el día a día y los cambios que hay que instaurar para salir de ella.

Cada cierto tiempo suelen suceder crisis y cambios en el entorno, eso quiere decir que no hay que estancarse, sino romper paradigmas, rechazar lo establecido, evolucionar, innovar, transformarse. Esa necesaria transformación permite evolucionar a mejor.

Esta transformación comienza con la proactividad. Como dice Stephen Covey en *Los siete hábitos de la gente altamente efectiva*, hay que pensar todo el tiempo cómo servir, cómo ayudar, cómo agregar valor.

Es importante aprovechar las crisis y no quejarse de ellas, más bien asumirlas con alegría porque la transformación trae aparejado el crecimiento. Ese estado mental positivo ayuda a superar una crisis y, luego que se estabiliza la situación, a lograr las metas.

Bienvenida la competencia

Vivimos en un mundo diferente y cambiante, las antiguas reglas no siguen teniendo el mismo significado. Antes se consideraba que el negocio ideal era aquel que no tenía competencia, mientras que ahora comprendemos que tener competencia es algo magnífico, que ayuda, nutre y, con reglas claras, es sano para los negocios. Deberíamos darle la bienvenida a la competencia, porque es algo bueno.

En nuestra compañía de corretaje nosotros hacemos eventos en los que invitamos a la competencia. El curso que tengo en línea en Udemy, por ejemplo, es para dar mis conocimientos, estrategias y experiencia a futuros competidores. Y lo hago con gran alegría, porque el crecimiento de la competencia significará también mi crecimiento.

Los corredores de seguros formamos una comunidad, mientras tengamos las reglas claras y nos atengamos a ellas todo funcionará bien. Unas veces unos ganan y otros pierden, pero esa es también la belleza del proceso. Quizás alguna vez un cliente se vaya con otra compañía, pero cuando una puerta se cierra se abren también muchas ventanas.

Lo fundamental es tener una fortaleza de pensamiento que nos haga estar abiertos al crecimiento. Los negocios no siempre serán fáciles y es muy bueno que tengamos el aguante para saber que lo que no se logró hoy se conseguirá en otro momento.

Si se ponen en práctica los consejos que doy aquí, cualquier corredor va a lograr cerrar el 80% de los negocios que cotice. Y no me importa compartirlos porque mientras más seamos, mejor nos irá. Nosotros incluso establecemos alianzas con otros *brokers* y con compañías globales de corretaje, porque la alianza en ciertos mercados beneficia a todos.

Los corredores tradicionales no compartían la información, eran muy cerrados, muy llenos de secretos. En estos tiempos de *e-commerce*, redes sociales, páginas web, automatización de los procesos, todo es transparente. Casi todas las pólizas se encuentran en la red, con toda la información abierta y libre. El mundo digital trae gran cantidad de oportunidades, pero hay que tener las virtudes, habilidades y talentos para aprovechar su uso.

Si todos colaboramos, todos ganamos. Si todos ganamos, todos nos transformamos. Y si nos transformamos en creadores de soluciones tendremos éxito.

Del rugby también se aprende

El rugby es el mejor deporte para representar lo que significa el trabajo en equipo. En el rugby se enfrentan dos equipos de quince jugadores cada uno. Todos los jugadores son indispensables y necesarios, pero también diferentes: altos, flacos, rápidos, lentos. Es un juego en el que es importante que haya de todos los tipos diferentes porque cada diferencia es necesaria.

La selección nacional de rugby de Nueva Zelanda se llama *All Blacks*. Es el equipo con mayor porcentaje de juegos ganados en la historia. En los años 90 solían ganar el 75% de los partidos, mientras que ahora van por el 86% de triunfos. Los neozelandeses hicieron un estudio de las razones por las que tienen un porcentaje tan alto de juegos ganados. Para ello, entrevistaron a los jugadores para entender cuál es su cultura y motivaciones.

Los resultados pueden ayudar en cualquier circunstancia, porque a cualquiera de nosotros nos encantaría tener un 86% de cierre en las pólizas.
Los *All Blacks* tienen cinco puntos fundamentales que pueden explicar el éxito.

Uno. La Humildad: Cuando juegan en casa tienen un ritual, terminan el juego, se reúnen, conversan, celebran, toman una cerveza y al final limpian el vestuario para que esté impecable al día siguiente. Cuando yo jugaba rugby en la Universidad Metropolitana, el lema del equipo era *In humilitate vincis*, o sea, en la humildad vencerás.

Tener humildad es muy importante para que un corredor de seguros llegue a ser exitoso.

Dos. *Las mejores personas son los mejores All Blacks*: Eso se puede aplicar a todo, las mejores personas son mejores médicos, mejores abogados, mejores contadores, mejores padres, mejores hijos, mejores hermanos, mejores empleados, mejores directivos, mejores emprendedores. Mientras mejores seamos, todo el equipo será mejor.

Los All Blacks rinden más porque están rodeados de un ambiente positivo y eso estimula el crecimiento. Se retroalimentan de la energía positiva y por eso siempre sobrepasan las expectativas.

Un buen comportamiento con el país, la gente, los empleados, el erario público significa que serás mejor persona y lo harás mejor que tus colegas.

Tres. *Constante innovación tecnológica y estratégica*: Ellos llaman a esto Kiwi-Kaizen, porque kiwi es una manera de llamar a los oriundos de Nueva Zelanda. Consiste en mejorar un 1% todas las actividades del día. Si se logra eso en lo personal y en lo profesional, el crecimiento puede ser exponencial.

Cuatro. *Presión*: Antes decíamos que es importante ser ambicioso, pues igualmente hay que presionarnos a nosotros mismos en la ruta de la ambición. Si queremos lograr algo, hay que trabajar por ello. Si a la semana hay que lograr ciertas metas, no hay que quedarse tranquilo el viernes y pensar que ya se logrará la siguiente semana. Hay que sentir la presión de cumplir las metas, ser el mejor y el más exitoso.

Los All Blacks se presionan constantemente, lo que no logran bien lo mejoran. Si necesitan lograr algo más se esfuerzan.

Otro ejemplo de esto en otro deporte, es el de Michael Phelps, el atleta que ha ganado más medallas de oro olímpicas en la historia. Siempre se esforzaba. Entrenaba más que sus compañeros, al extremo de que le decían que podía lesionarse, pero no se cansó y lo logró. Phelps se enfocó en lo que tenía que hacer y superó las expectativas, siempre estuvo pensando en lograr algo más allá de lo común y lo ordinario. La resiliencia tiene que ver con la capacidad de sacar lo mejor de nosotros en la adversidad. También hay que tenerlo en cuenta, no dejarse caer, seguir esforzándose.

Cinco. *El legado:* ¿Qué queremos que digan de nosotros cuando no estemos? ¿Qué dirá nuestra lápida, qué dirán en nuestro funeral? Hay que hacer un esfuerzo para que lo que se diga sea bueno, pero eso hay que trabajarlo. Si queremos que digan: fue una buena persona, extraordinario profesional, padre, hijo y esposo ejemplar, hay que trabajar para lograr eso.

El legado significa que dejaremos huella, que transmitimos capacidades y talentos y dejamos el mundo mejor de lo que lo encontramos.

CAPÍTULO 7

La marca personal _____

¿Qué es la marca personal?

El concepto de marca personal es muy reciente e implica desarrollar a la persona y sus potencialidades como si fueran la marca de una compañía. Para Jeff Bezos, la marca personal es lo que la gente dice de nosotros cuando no estamos presentes. Eso quiere decir que una marca personal incluye esencia, valores, creencias, principios, forma de actuar y hablar. La idea es desarrollar todo lo que nos hace diferentes, lo que nos hace sobresalir de nuestro entorno, La personalidad que nadie más tiene sino nosotros.

En el mundo 2.0, la tarjeta personal en papel es la marca personal en las redes y es necesaria tanto para un corredor de seguros que está comenzando, pero también para el que tiene muchos años de experiencia.

En estos tiempos a la gente no le gusta que le estén vendiendo algo, pero les encanta comprar. Eso quiere decir que cuando hacemos negocios, al comprador le interesa sentir la diferencia que implica la marca personal, que cada vez que interactúen con el vendedor tengan una experiencia de venta particular. Porque eso es precisamente lo que le interesa al comprador, no sólo el producto, sino también la experiencia. Si nuestra marca es de calidad y energía positiva, hará que haya una conexión más rápida y duradera.

Con la marca personal, la manera en la que se trabaja se formaliza, porque muestra lo que se es, nuestro valor y utilidad, el propósito que se tiene en la vida y lo que será el legado. Todo esto lo engloba la marca: el pasado, el presente y el futuro, por eso hay que trabajar en ella contantemente, ya que permanecerá en el tiempo.

En el desarrollo de la marca personal hay una cantidad de objetivos, variables e información que debemos detallar y desglosar, para mostrar atributos, talentos, utilidades, virtudes y esencia.

¿Cómo construir tu marca personal?

Para construir una marca personal hay que definir cómo queremos ser percibidos en el mundo digital. Siempre se debe explicitar la rama de seguros a la que nos dedicamos –salud, vida, corporativa, por ejemplo– eso facilitará que nuestro nombre aparezca en las búsquedas de corredores en la red.

Hay una serie de elementos que no deberían faltar:

Logo: Ya sea que se mande a diseñar un logotipo personal o simplemente poner el nombre y quizás el apodo si es muy conocido, siempre usando la misma fuente y colores, hará que se forme una imagen recordable.

Colores: Se puede usar el color que consideramos que nos representa o uno de los que más nos gusta.

Vestuario: Debe haber coherencia en el vestuario, ya sea formal o informal, porque será parte de la imagen que daremos. Si la especialidad es el mundo corporativo, banca o finanzas, quizás sería mejor un vestuario conservador. Si la rama en la que se trabaja es familias o comercio, puede ser un estilo más relajado, pero nunca informal. Es importante sentirse cómodo en el estilo que se elija.

Estilo comunicacional. La manera como se habla debería ser personal. Eso quiere decir que será igual en redes, en el día a día o hablando frente a una audiencia. Por tanto, no puede ser algo falso o impostado, sino un estilo de expresión oral que nos sea propio. Debemos encontrar nuestra voz, nuestro estilo y mantenerlo, la autenticidad ayudará a hacer la conexión. Por ejemplo, Gary Vaynerchuck dice: "quiéreme tal como soy", esa es su manera de establecer empatía. Les Brown, habla como un pastor evangélico y nunca diría una grosería. Tony Robbins tiene una voz fuerte e impactante y una energía brutal.

La mejor manera de crear una marca personal es buscar profesionales que ayuden. Una agencia de publicidad emergente, con gente joven y acostumbrada al mundo digital es una excelente opción. A ellos hay que decirles exactamente qué queremos lograr y cómo somos: forma de vida, deportes que se practican, si meditamos o no, nuestra rutina de trabajo y de fin de semana. Todo formará parte de nuestra marca.

Mientras más transparencia haya, también en mayor medida seremos percibidos como sinceros y eso nos hará ganar seguidores que se conecten con nuestra forma de vida y trabajar. Como dice Tony Robbins: nuestros clientes deberían ser nuestros primeros fans.

¿Por qué invertir en tu marca personal?

Invertir en una marca personal es algo que hay que tener en cuenta por muchas razones en este mundo tan vinculado al mundo digital y las redes sociales.

Primero, crea una experiencia que le da más valor a la compra que se te hace. Muestra que trabajar con nosotros tiene beneficios y que somos diferentes a la competencia.

Hará más sencillos, ligeros y exitosos los procesos de venta. Se puede incluso hacer que la experiencia de promoción, ventas y reclamos se facilite por medio de la tecnología, ya que puede haber interacción constante con los clientes. Por medio de un celular o una tableta, de blogs, página web y de aplicaciones de mensajería y redes sociales es posible estar en contacto directo con los clientes constantemente. Eso hará que los procesos mejoren.

Transmitir confianza ayudará a conseguir nuevos negocios, contactos, clientes, datos y a contactar con los demás. La gente reconoce de manera más rápida a aquellos que tienen una marca, porque los diferencia de los demás corredores y de la competencia.

Por ejemplo, un cliente sabe que un corredor que tiene una marca personal estará siempre asequible, puede contactarlo por multitud de vías y por tanto tendrá más confianza en él. Un corredor de seguros que no puede contactarse por las redes, sino llamando a la empresa de la manera tradicional, es un corredor que no estará disponible después de las 5 pm ni los fines de semana, y nada garantiza que el cliente sólo va a necesitar de sus servicios en horario de oficina.

Crear una marca personal es un proceso largo pero disfrutable. Trae muchas ventajas ser una figura conocida, porque ayuda a conectarse con otros influenciadores y con los seguidores, las personas que pueden hacer crecer nuestro mercado. Tener cada vez más seguidores en las redes sociales implica que habrá más personas que recibirán nuestro mensaje.

Por ejemplo, hace poco fui al evento de una *influencer* muy importante, allí la conocí y conecté con ella. Unos días después vi en las redes sociales que estaba planificando una salida del país, así que la contacté para ofrecerle un seguro de viajes. Me respondió por Instagram y así cerré un negocio. Si yo no hubiera tenido marca personal, posiblemente ella no habría comprado la póliza conmigo.

La marca personal ayuda muchísimo. Mi teléfono es público y está en todas mis redes sociales, lo que significa que es fácil contactarme y que me llame gente de otros países. Por ejemplo, el otro día me llamó el presidente de una compañía de publicidad y me dijo que a partir de las redes había visto que soy un experto en seguros y necesitaba asesoría en una situación específica.

Al crear una marca personal viene un reconocimiento inmediato, por eso es que es clave invertir en ello, ya que abre oportunidades, puertas y contactos con gente muy importante. Además, ese reconocimiento es expansivo y exponencial, porque es como si pudiéramos estar en muchos países al mismo tiempo.

El *Storytelling* en la marca personal

Una de las mejores herramientas para trabajar la marca personal es el *storytelling* o contar historias o anécdotas. Contar historias da una conexión emocional con los seguidores, porque las historias son reales, personales, han sucedido y agregan valor al discurso. Contar anécdotas no es echar cualquier cuento. Tiene que ser una vivencia interesante y que deje una reflexión.

En el caso de los corredores de seguros, obviamente, las historias a contar tendrán que ver con gente que ha tenido beneficios por asegurarse o lo contrario por no asegurarse. Experiencias que nos han sucedido a todos o cosas que no se nos ocurren que pudieran pasar. Alguien que se fue de viaje y sufrió un percance del que salió con bien porque tenía un seguro, o una persona que no perdió su negocio porque unos meses antes tuvo un pálpito y decidió asegurar contra inundaciones su fábrica. A partir de ese tipo de historias, los seguidores se enganchan, reflexionan sobre su situación, piensan que están a punto de salir de viaje y que quizás sería mejor estar prevenidos, o se acuerdan que una vez hubo un problema con una tubería en la tienda y se perdió mucho dinero.

Contar una historia va a dar una interacción con los seguidores que implicará experiencias humanas. No es sólo un corredor de seguros hablando de su vida profesional, sino también dándole un perfil humano a su trabajo. La gente se vincula más con las vivencias humanas y las historias que con una serie de estadísticas. Si la historia termina con un mensaje positivo e inspirador, mucho mejor.

Las anécdotas ayudan a formar el personaje digital. Un corredor de seguros exitoso que quiere establecer su marca personal debe hacer que el contenido que comparta sea valioso y que ayude y enseñe a sus seguidores, los que serán o ya son sus clientes, su personal, la competencia y otras empresas.

Romper paradigmas

En el mundo, la marca personal es algo común que desarrollan actores, influenciadores, entrenadores y grandes gerentes. En el mundo asegurador, sin embargo, no es así. Ni en Estados Unidos ni en América Latina hay un auge en esta tendencia. En Latinoamérica somos muy pocos los del mundo de los seguros que estamos desarrollando una marca personal. Lo que hagamos será una inspiración para que otros sigan ese ejemplo.

Es por eso que me parece importante ser un pionero en este campo. Hay que romper paradigmas. Hay que dejar de pensar que hay trucos privados. Los secretos para triunfar en el mundo asegurador deberían salir a la luz, darlos a conocer a los demás, hay que compartir el *know-how* con esa comunidad virtual tan grande y que crece día a día.

Para ser extraordinario como corredor de seguros hay que compartir las experiencias, porque es lo que nutre a colegas, compañeros y a las generaciones por venir. Uno de los grandes propósitos que tenemos en la vida es dejar un legado.

Yo imagino que todos los que están leyendo estas páginas y llegaron hasta aquí quieren dejar una huella, para eso lo mejor es desarrollar una marca personal. En unos años, el que no tenga una marca personal va a ser olvidado o será irrelevante.

Lo ideal es ser un pionero, un innovador, marcar la diferencia y dedicarse a una nueva manera de trabajar los seguros.

"...forman un ecosistema digital que nos ayuda a posicionarnos"

CAPÍTULO 8

Uso de las redes sociales

en seguros _____

Las redes sociales son ampliamente conocidas por todos nosotros. Hay muchas ahora, que pueden utilizarse de diferente manera y habrá más en el futuro. Por ello hay que estar pendiente de las tendencias e ir adecuándose a ellas. Recuerda que cada red social tiene vinculación con diferentes grupos etarios o generacionales. No es bueno vincularse a una sola, porque eso te hará perder a grupos de personas que no participan en ella. En las siguientes páginas te diré lo que he ido haciendo hasta el momento en cada red social y cómo las puedes utilizar.

Instagram

Instagram tiene más de 900 millones de usuarios activos (para el momento que escribo estas líneas), lo que garantiza una muy amplia recepción y comunicación. Los seguidores pueden recibir información valiosa, no solamente en lo profesional, lo que ayuda al negocio, sino también en lo personal, de manera que haya una conexión emocional.

Es importante hablarle a un público específico al usar Instagram. Por ejemplo, si queremos información que llegue a viajeros de alto nivel o deportistas, la información tiene que ser orientada a ellos. A los viajeros de alto nivel no les interesa un sitio donde se come barato y a los deportistas no les llama la atención un mercado de las pulgas. Es importante saber quién sería el cliente ideal, qué mercados interesan y en qué países para crear contenidos dirigidos a ellos. Con esa información se tendrá claro el *target* al que nos dirigiremos, el idioma y la información e imágenes adecuadas.

Es importante dar información clara, precisa, llamar la atención dando soluciones posibles a problemas hipotéticos, haciendo que la gente sienta que lo que se promociona le gusta, le interesa y tiene valor para ellos. Es fundamental también estar claro que se le hablaremos a clientes actuales y también a clientes potenciales, porque la idea es captar nuevos clientes también.

El crecimiento de Instagram es exponencial, porque se considera que es la que proporciona un mayor grado de fidelidad de los seguidores. Tiene también la ventaja de que se pueden enviar y recibir mensajes directos, que garantiza comunicación privada y personalizada en los casos que se necesite. La modalidad de *business* permite promocionar tu perfil o hacer campañas, así como enlazar con un perfil comercial en Facebook.

Facebook

Esta plataforma digital es muy útil para establecer contacto con familiares, amigos de infancia y amistades de otros países.

Su buen diseño permite hacer transmisiones en vivo, y ese video se guarda indefinidamente, a diferencia de otras redes sociales cuyas transmisiones no duran más de 24 horas a disposición de los seguidores.

Da la opción de facilitar compartir enlaces de página web y de LinkedIn. Como da la opción de crear grupos, es posible estratificar la información para compartirla con personas que tengan la misma visión, metas parecidas o estén en el mismo ramo profesional.

En el caso de los que están desarrollando una marca personal, facilita la creación de una *fan page*, esto es, una página corporativa donde se sube el material que pueda interesar a los seguidores. Allí, éstos pueden calificar la información, hacer comentarios al contenido y además comunica al usuario la capacidad de respuesta.

En el caso de los corredores de seguros, esto es muy útil, porque los clientes saben que el tiempo de respuesta es corto, tienen la posibilidad de enviar mensajes directos y conocer nuevos productos. También puede ponérsele un carrito de compra, que unido a links encriptados permiten que los seguidores puedan comprar algún producto específico de forma rápida, sencilla y segura.

Este enlace, además, puede ser enviado a todos los seguidores a través de *e-mail blast* (esto, es un mensaje publicitario por correo electrónico), lo que les permitirá acceder a nuevas maneras de comunicación: de correo electrónico a página de Facebook, de allí a LinkedIn o a la página web de la empresa, o a compras directas.

YouTube

YouTube permite subir videos de cualquier longitud de manera ilimitada.

Para ello hay que convertirse en creador de contenido abriendo un canal gratuitamente y compartir videos con experiencias con asegurados, clientes y otros agentes.

Es posible suscribirse a estos canales, lo que permite que los usuarios reciban notificaciones al subir nuevos contenidos. Cada video, además, puede ser etiquetado, de manera que se posicione en el SEO (*Search Engine Optimization*, u optimización de búsqueda). Este etiquetado permite llegar a más seguidores interesados.

El título y las etiquetas de cada video son muy importantes, ya que ciertas palabras clave se relacionan con los tópicos más buscados para cada grupo de interés y eso puede viralizar los videos. Además, los videos pueden ser compartidos en otras redes sociales (Facebook, Instagram, Twitter, LinkedIn o por e-mail) de manera de tener más amplia cobertura.

Los videos que se colocan en YouTube pueden ayudarnos a conseguir contactos y *leads*, ya que en ellos se dará la información que la gente busca sobre cultura de seguros.

El crecimiento en YouTube es lento y requiere generar contenido de manera constante y periódica, pero da muy buenos resultados. Sólo después de mil suscriptores se comienza a monetizar. La plataforma paga dependiendo de la cantidad de *views*. Si el contenido es de calidad y llega a una masa importante de suscriptores, se puede llegar a recibir una cantidad importante solo por esta vía.

Además, la plataforma permite crear herramientas como una Universidad Corporativa, de manera que se puede entrenar por medio de videos a agentes, corredores aliados y empleados.

También permite compartir contenido específico de forma privada –por medio de una clave- con determinados seguidores.

Para los corredores de seguros, YouTube es una estupenda plataforma, ya que permite, además, seguir cursos, tutoriales, videos motivacionales, informaciones específicas de seguro y reaseguro.

Yo uso mucho esta plataforma. A nuestros agentes los entrenamos a través del canal que tenemos allí y el funcionamiento es muy bueno. Ese entregar nuestro *know-how* ayuda a desarrollar nuestra cultura corporativa de manera fácil, cómoda y mucho menos costosa que en medios tradicionales.

Twitter

En Twitter, la organización mediante *hashtags* o etiquetas permite ver qué tan popular es el tema del que queremos hablar o generar contenido sobre lo más relevante del día. Los *hashtags* también ayudan a catalogar la información, por ejemplo #Segurodeviajes o #Segurodesalud, dependiendo de lo que se esté hablando en el momento. Si en un día se observa una buena cantidad de tuits con el mismo *hashtag*, podemos saber qué repercusión tienen.

Es una de las plataformas que más suelo usar. Una de las herramientas que utilizo para que nuestra comunidad crezca es el *Newsjacking*. Este es un concepto creado por el coach David Meerman-Scott, que consiste en tomar una noticia reciente, ya sea popular o importante, que esté en concordancia con el negocio, se toman los hashtags que esa noticia está utilizando y se le coloca un comentario divertido, simpático o creativo. Esto permite que el tuit tenga más alcance, sea replicado y se convierta en viral.

En Twitter también hay la opción de mensajes directos, que pueden utilizarse para enviar información a personas del área de los seguros a los que se quiera enviar información específica o propuestas individuales.

Twitter permite dirigirse directamente a prácticamente cualquier persona: el presidente de un país, el CEO de una corporación gigantesca o ese personaje específico al que siempre hemos admirado y con el que hemos querido establecer contacto. Aunque parezca mentira, por lo general responden a la brevedad. Se calcula que 6 de cada 10 mensajes directos en Twitter reciben respuesta.

LinkedIn

LinkedIn nos permite difundir nuestro currículo y posicionarnos en el mercado laboral. Para los reclutadores es una herramienta muy útil, ya que les permite encontrar personal en todas partes del mundo.

Además, LinkedIn es una muy buena plataforma para realizar negocios B2B (Business to Business). Si queremos montar una agencia de corretaje de seguros global, LinkedIn es un buen lugar para buscar agentes en el mundo entero. Por ejemplo, nosotros hemos encontrado agentes en Francia, Irlanda, Dinamarca, Uruguay, Argentina y Chile, entre otros lugares, en esta plataforma.

El buscador es muy útil, porque permite segmentar y saber qué número de corredores hay por ciudad, encontrarlos por especializaciones o títulos.

LinkedIn es una buena herramienta para la expansión de negocios, porque también permite hacer negocios B2C, (Business to Consumer) y encontrar nuevos clientes.

Al ser una red para profesionales, el nivel es más alto que en otras redes, de manera que es una herramienta especializada para negocios.

Esta red, además, permite unirse a grupos orientados a cada área: grupos de corredores de seguros, compañías de corretaje o las que puedan ser útiles de acuerdo al target específico de los seguros que vendemos (agencias de viajes, hospitales, compañías de transporte, por dar algunos ejemplos).

La red es gratuita, pero ofrece la posibilidad de pagar una mensualidad para subir a la categoría Premium, que te permite conexión con otros usuarios de alto perfil. Además, la red tiene mensajería directa. Se envía un mensaje con un encabezado y el tema del que se quiere hablar, o más largo en un correo electrónico que llega a los *inbox* de cada quien.

En el mundo de los negocios es muy útil, porque, por ejemplo, antes de cada reunión se puede recopilar información sobre la persona y tener información sobre su trabajo e intereses.

Una vez estaba hablando por teléfono con un cliente, a partir de su nombre y lugar de trabajo lo busqué en LinkedIn, y eso me dio *insights* sobre él: hobbies, cursos que había hecho, intereses. Esa simple búsqueda me ayudó a cerrar la venta.

La página web

Tener una página web es muy útil, pero hay que hacerlo bien. En primer lugar, el nombre es fundamental. Debería ser el de la marca personal o el que utilizamos en las redes sociales. Esto es, debe ser el mismo nombre de manera que sea fácil ubicarnos y que haya uniformidad en nuestros sitios en la red.

En mi caso, el nombre que utilizo en todas mis redes es JuanCFernandezA. Lo uso para todo, y eso ayuda con el SEO (*Search Engine Optimization*) en los motores de búsqueda. Si siempre usamos el mismo nombre, lo más posible es que aparezcamos en las primeras opciones al usar buscadores.

Algunos servidores web dan la opción de utilizar plantillas preestablecidas, de manera que solamente hay que modificar fotos e información y las actualizaciones son fáciles y rápidas.

En la página web se puede colocar el enlace a las redes sociales, subir distintos tipos de información, testimoniales e incluso poner un carrito de compra con links encriptados para vender productos diversos, ya sean seguros, libros o cursos.

La página web debería ser un ecosistema en el que involucramos todos los aspectos de nuestra marca personal.

¿Cómo vender en redes sociales?

Nuestro trabajo debe venderse bien, y eso implica monetizar también la marca personal a través de las redes sociales. Hacer eso permitirá también que nos posicionemos en el mundo digital y de los negocios.

Una manera de hacer eso es a través de artículos, cursos o libros como este. Por ejemplo, UDEMY permite usar un link encriptado que se puede enviar a través de Instagram, Facebook, LinkedIn, Twitter y nuestra página web. Eso permite mercadear un contenido interesante, que sea promocionado por influenciadores.

Estos pueden cobrar una comisión o se hacen convenios de pago específicos con ellos. Deben ser influenciadores que lleguen a los mercados que queremos alcanzar: ya sea Latinoamérica, España, la comunidad hispana de Estados Unidos, etc.

Algunas compañías de seguros pueden estar interesadas en colocar enlaces encriptados en nuestras cuentas de redes sociales o en nuestra página web para ofrecer un contenido que nosotros no proveemos.

Es importante que las campañas estén bien segmentadas según el producto y la plataforma. En la página web, si se ofrecen varios productos es importante dividirlos para que sean fáciles de encontrar. El contenido no es igual para cada uno y las comunicaciones deben ser claras, concisas pero completas. Cada red social es diferente, de manera que cada contenido debe ser distinto para cada una: no es lo mismo vender en Instagram que en Twitter.

Como dice Jeffrey Gitomer, *"people don't like to be sold !!! but they love to buy"*. Si compartimos información valiosa con nuestros seguidores, éstos nos llegarán a conocer bien, y preferirán hacer negocios con nosotros.

Las redes sociales pueden ser una extensión de nuestro negocio, no sólo para potenciar nuestra marca personal sino también porque Facebook, LinkedIn, Twitter, Instagram y YouTube, junto a nuestra página web, forman un ecosistema digital que nos ayuda a posicionarnos, a tener un negocio adicional y a ser relevantes para nuestro público de interés.

Influenciadores

Los influenciadores son normalmente expertos de algún área en la que tomaron la delantera cuando entraron al mundo de las marcas personales, y están consolidados en las redes por el conocimiento que comparten a través de las mismas de cualquier forma, bien sea gratuitamente o cobrando por sus servicios. Al compartir su conocimiento le dan valor a sus perfiles y a su marca personal. Es importante validar el contenido de estos expertos con su currículo porque hay muchos de ellos que son falsos expertos y por eso es muy importante comprobar su experiencia y su contenido con los colegas del área.

Ante la duda, siempre es mejor optar por los profesionales. En el caso de los influenciadores que deberíamos seguir, la lista comprende a Tony Robbins, Les Brown, Zig Ziglar, Napoleon Hill y Alex Rovira ya que ellos tienen un contenido increíble y replicable en cualquier área de la economía.

Uno de los más importantes en Instagram es Gary Vaynerchuck (@GaryVee). Su estilo es muy particular, tiene un lenguaje un tanto crudo que puede impactar a muchos, su forma de pensar de avanzada y su mensaje es específicamente para Instagram.

Seguirlo, leer sus consejos y ver sus técnicas nos ayudará a desarrollar nuestra marca personal y, sobre todo, nuestra cuenta en Instagram. Sus consejos sobre marca personal son útiles y muy interesantes. Su manera de ser es muy directa y va siempre al grano. @GaryVee tiene varias páginas web para la venta de sus productos, y es un ejemplo de éxito global. Tiene unos 50 millones de seguidores. Para mí, es un ejemplo para seguir debido a que es un influenciador natural con un liderazgo importante.

"La alegría activa debe ser un motor en nuestra vida"

CAPÍTULO 9

Balance y Salud _____

Para la cultura hindú es importantísima la longevidad. Para ellos, llegar a los 100 años es alcanzar una vida perfecta. Pero aún y con nuestros adelantos científicos en el área de la salud, eso no es nada fácil.

Llegar a ser centenario es importante, pero más importante aún es lograrlo con buena salud. La cultura hindú divide la vida en cuatro cuadrantes, y para ello utilizan el símbolo de la esvástica, casi la misma con la cual mucho después Hitler hizo tantos desmanes.

La esvástica es un símbolo ario (de los indoiranianos, la zona de India e Irán) que tiene más de 5000 años de historia y que divide la vida perfecta en cuatro cuadrantes:

De los 0 a los 25 años. La etapa de la educación, cuando adquirimos conocimientos, formación y conocimiento de idiomas

De los 25 a los 50 años. La etapa de la producción. La época en la cual llegan el matrimonio, los hijos, se establecen las bases de la vida económica, se afirma la vida profesional, se comienzan los negocios.

De los 50 a los 75 años. La etapa de la dirección. En este momento ya no se está en la fase ejecutiva sino en la directiva. Ya no se está al mando del negocio ni se es el líder, sino se está en la junta directiva como asesor. Llegan los nietos.

*De los 75 a los 100 añ*os. La etapa de meditación. Allí se utilizan las habilidades que se han desarrollado en la vida: hobbies, yoga, golf, tai chi, terapias ayurvédicas, caminar. Se practican ejercicios de bajo impacto que nos permiten mantenernos activos y llegar a los cien años con el cerebro intacto.

El papá de un amigo me decía que para poder ser longevo hay que tener ilusiones. Él es español y a los 82 años tiene una finca en Galicia. Una mañana mientras caminábamos me contó que siempre había tenido la ilusión de tener un hotel, que ahora había conseguido comprarlo, que no le daba ganancias, pero ocuparse de su hotel lo mantiene vivo, ocupado y lleno de energías para proseguir su vida activa.

Siempre debemos tener planes. Mientras vamos cumpliéndolos, tenemos que encontrar nuevas ilusiones y hacer nuevos planes. Es lo que nos permite mantener siempre la llama encendida. La ilusión puede ser algo muy complejo, como manejar un hotel, pero también puede lograrse con metas a corto plazo. Poner energía e ilusión en metas que se pueden logran en tres o cinco meses, nos ayudarán a concentrarnos y encontrar energía para lograrlo. Y la alegría de completarlas es la que nos dará el estímulo para el siguiente reto.

De pequeña ilusión en pequeña ilusión, de plan cumplido en plan por cumplir llegaremos a los 100 años sanos, con la mente ágil y tendremos, como dicen los hindúes, una vida perfecta.

Las prioridades

Establecer prioridades es algo importante para los corredores de seguros. Lo mejor es dividir el día, la semana, el mes, el año, en función de lo que se tiene que hacer.

Para lograrlo, Tony Robbins recomienda lo que llama Plan de acción masiva (*Massive Action Plan*), esto, es, tomar una hoja en blanco en la que se escriben los pilares fundamentales de nuestra vida. Pueden ser cinco, seis, siete. Para mí los fundamentales son salud, familia, hobbies, amigos, negocio. La salud se logra alimentándose con comida sana, se mantiene con el ejercicio y regeneramos el cerebro durmiendo completo. A partir de esta prioridad fundamental, vamos conectando el resto de los pilares.

La relación con la familia -cónyuge, hijos, padres y hermanos- es como una planta que hay que cuidar continuamente. Al cónyuge hay que tratarlo como el primer día de amor, esto es fundamental para una larga y feliz relación matrimonial. A los hijos hay que supervisarlos, dándoles alas para que crezcan, ayudarlos, acompañarlos y apoyarlos para que se conviertan en buenas personas. Los padres y los hermanos son el apoyo desde que nacemos hasta que morimos. Hay que estar pendiente de ellos, compartir con ellos la mayor cantidad de tiempo posible, tratar de que la relación sea armoniosa y trabajar en ello.

Cuidarnos a nosotros mismos también es necesario, y eso se logra dedicándonos tiempo, realizando las actividades, entretenimientos y hobbies que nos llenan y satisfacen, que ponen nuestro cerebro en actividad.

Los amigos son los hermanos que escogemos en la vida. Los que nos acompañan en las buenas y en las malas. Cuando están lejos debemos visitarlos y mantener contacto por teléfono o redes sociales. Los amigos permiten hablar con libertad, son el espacio en el que nos sentimos cómodos y seguros.

El trabajo puede ser un hobby, una distracción, una ocupación, un amor o una ilusión, pero también es importante dedicarle tiempo de calidad y ser felices mientras lo hacemos.

La alegría

Hay dos tipos de alegría: la pasiva y la activa. La alegría pasiva es la que no se está buscando, la que nos llega inesperadamente por acontecimientos agradables: asistir a un buen concierto, la buena compañía, ver un partido de fútbol y ver ganar a nuestro equipo favorito. La alegría pasiva suele estar relacionada con un tercero.

Pero la que nos interesa es la alegría activa, la que nosotros mismo buscamos, la que conseguimos sacando algo ventajoso, positivo y humorístico de cualquier situación.

La alegría es fundamental en la vida. Sonreírle a alguien y que nos devuelva el gesto ya hace que conectemos y nos contagiemos de alegría. La gente que siempre está alegre irradia energía. Victor Coopers dice que las personas con como bombillas, que cuando se conectan se encienden con la misma energía.

Tenemos que entrenarnos para hacer de la alegría un método activo, buscarla constantemente, aún en los malos momentos. Siempre van a ocurrir cosas malas, pero hay que encontrarles el lado positivo a todas las situaciones.

En mi familia tenemos una costumbre muy cómica para los de afuera. Cada vez que pasa algo agradable, sea cerrar un negocio, lograr un cliente, que uno de los nuestros se gradúa o simplemente pasa algo agradable para nosotros, nos reunimos y gritamos: "Alegría en el hogar". Solo oírnos decir eso en conjunto ya hace que todos entremos en un estado mental positivo. La alegría hace que generemos endorfinas, y eso ayuda a que el cerebro descanse, esté sano y se regenere. La alegría sana y ayuda a mantenerse sano.

Por ejemplo, si vamos de viaje —sea de placer o negocio-, mantenernos alegres hará que todo fluya. El estado de ánimo positivo hará que todas las experiencias, incluso la más compleja en un aeropuerto, ya sea por retrasos, limitaciones de peso, problemas con los niños o las maletas. Cuando se viaja a otro país se va a pasarla bien, así que desde el aeropuerto deberíamos estar sonriendo, todos contentos porque nos vamos de viaje.

Hace muchos años yo tenía el sueño de ir con mis amigos a ver un Mundial de fútbol. Mi esposa me dijo que los sueños hay que cumplirlos, así que me fui con cinco amigos a Suráfrica. Ninguno de nosotros había ido nunca a un Mundial y era un viaje de total placer. Estábamos tan agradecidos de tener esa oportunidad que los cinco entramos en la misma onda positiva y le decíamos cosas agradables a los empleados de inmigración y de la línea aérea. Cuando llegamos a Suráfrica el funcionario de inmigración nos preguntó de dónde veníamos. Contestamos que de Venezuela y añadí: *We love Madiba*. Allí, decirle Madiba a Mandela es un signo de reverencia, como decirle Mahatma a Ghandi. Cuando el funcionario me oyó se iluminó, nos dijo con gran felicidad: *Welcome to South Africa.*

Así fue en los estadios, los restaurantes y el hotel. Como estábamos tan contentos, nuestra alegría nos fue abriendo puertas y rodeando de energía positiva y todo salió bien.

Mantener esa alegría y, sobre todo, tratar de no conectarse con lo negativo es fundamental con la vida. Si pasa algo malo, que eso no nos agüe el momento, más bien debemos darle la vuelta. Si se cancela un vuelo ya saldrá otro, si hay un retraso eso nos dará oportunidad de una deliciosa comida en el aeropuerto.

La alegría activa debe ser un motor en nuestra vida. Una vez que la buscamos, la encontraremos, y eso nos facilitará la vida enormemente.

El valor de la amistad

Para un corredor de seguros la amistad es un valor fundamental. Por el tipo de trabajo, en contacto con personas todo el tiempo, un corredor termina conociendo y haciendo amigos en todo momento. Las relaciones públicas son parte fundamental de nuestro trabajo, así que no es de extrañar que la amistad sea tan importante.

Estas relaciones se establecen con personas de todas las edades. Por lo general, la decisión final sobre la compra de los seguros la tienen personas entre los 40 y 50 años. Si alguien comienza su carrera a los 19 años, desde muy joven establece contacto con otros de mayor edad.

En el caso de las amistades no profesionales, los primeros amigos son los que hacemos en el colegio, con quien se terminan teniendo larguísimas relaciones que son prácticamente de hermandad. Como decía la mamá de un amigo: los amigos del colegio son los hermanos que uno escoge. En la universidad también se hacen amistades importantes. Ya en el ámbito profesional, se seguirán haciendo amigos.

En la carrera de seguros las amistades irán desde el perito evaluador, hasta los gerentes de empresas aseguradoras, las empresas de corretaje, los reaseguradores y también con gente de compañías grandes como el *Lloyd's* o colegas en Nueva York o Miami.

El negocio de los seguros es un negocio de verse las caras, conocer personas, tratar con la gente. Y también un negocio en el que, por lo general, los negocios se hacen con los que conocemos y confiamos, porque sabemos cómo responden.

Jeffrey Gitomer dice que, en todos los ramos, la gente prefiere hacer negocios con sus amigos. En el caso de los seguros es tan acertado que, por lo general, nuestras primeras ventas son con amigos y familiares que quieren apoyarnos en nuestra nueva carrera y no sólo nos compran, sino también nos recomiendan a sus amigos y así, de amigos en amigos terminamos haciéndonos una cartera.

Viajar es también una muy buena manera de hacer amigos. Se conocen nuevas relaciones, así como se afianzan las que ya se tenían.

Hacer amigos en todas partes es muy importante: en el avión en el que vuelas, en los hoteles a los que vas, en el taxi en el que te montas, en el lugar donde comes, en tu sitio de trabajo. Toda esa gente va a ayudarte y mientras más amistad y alegría haya en la vida, más apoyo se recibe.

Actividad física y deporte en equipo

Timothy Ferriss es un influenciador muy valioso, autor del libro *The 4 hour body*. Allí dice que se puede lograr un cuerpo saludable haciendo alguna actividad física únicamente 20 minutos al día, pero todos los días.

Los ejercicios que propone para lograr la actividad necesaria son una especie de retos interesantes con pesas, bailando, corriendo o nadando. En el libro se proponen distintas actividades que cubren varias disciplinas y ejercicios.

Para los corredores de seguros, la actividad física es fundamental, ya que sin deporte no hay manera de tener una vida sana, activa y longeva. Un día que comienza con meditación, yoga, natación, una caminata o una carrera será un día diferente porque nos llenamos de energía y nuestro estado de ánimo cambia.

La gente a veces se pregunta de dónde saca alguien la energía para hacer tantas cosas, que cómo hace, y siempre la respuesta tiene que ver con el ejercicio físico. El ejercicio físico también hace que el cerebro se mantenga activo.

El trabajo de corredor de seguros es un trabajo en equipo, por eso creo que hacer deportes de equipo me ayuda también en el trabajo. Las empresas hay que gestionarlas como si fueran un equipo deportivo, eso le da a los empleados confianza en sí mismos, en sus jefes y los empodera. Por ejemplo, el rugby es un deporte muy violento, en un equipo los jugadores son como hermanos porque hay que pensar con espíritu de equipo en las formaciones y porque un compañero puede salvarte de un daño. De igual manera, el trabajo en equipo hace que todo se exponencie: tanto la energía, como la sinergia. El resultado es por tanto también exponencial.

Practicar deportes de equipo y trabajar en equipo son maneras de formar grupos de altísimo desempeño y lograr éxitos extraordinarios.

La alimentación y la salud mental

La alimentación es una actividad muy seria porque nos garantiza la vida, la hacemos tres o cinco veces al día y a veces no le prestamos la atención que deberíamos. La alimentación no solo nutre, sino que es la fuente de nuestra energía.

Hay muchas formas de alimentarse y otras tantas dietas. Lo más importante es encontrar la adecuada para cada uno de nosotros. Ahí, otra vez, es mejor ir donde un profesional y buscar un buen nutricionista que nos guíe en nuestra alimentación de acuerdo con nuestra edad, salud, actividad laboral y física.

Hay grandes estudios que dicen que la alimentación puede curar patologías y enfermedades que afectan a la población, como por ejemplo la diabetes y la hipertensión.
La salud física y también la mental están vinculadas a la alimentación. Una buena alimentación mantiene alta la energía y evita las enfermedades que nos impiden llegar a los cien años.

Además de la alimentación y la actividad física, hay que trabajar el cerebro, mandándole mensajes positivos y reforzando todo lo bueno. Es ideal hacer esto temprano en la mañana, que es el momento en el que el cerebro está más receptivo y el subconsciente tiene más capacidad de absorber todo.

Hoy en día es muy importante darle prioridad a la alimentación ya que dependiendo de la genética es necesario modificar hábitos y romper paradigmas sin importar la edad de la persona. Yo particularmente estoy todo el tiempo monitoreando la comida que ingiero porque para ser longevo es vital.

Mi dieta ideal por mis genes es la dieta paleo, baja en carbohidratos y la verdad es que en los últimos quince años la practico y mantengo mi peso año tras año. Cada uno es diferente pero lo más importante es escuchar al cuerpo y sentir como los alimentos y las bebidas afectan tu ánimo, tu alegría, tu energía y por supuesto como te ves en el espejo.

Los superalimentos hay que incorporarlos en la semana junto con los vegetales verdes y sobre todo que tus platos tengan al menos cinco colores para que tu equilibrio se mantenga. Tu salud mental depende de tu alimentación y de tu actividad física, así que levántate de la cama y dale con todo.

HASTA PRONTO

Con esto llegamos al final del libro, en el que expliqué la carrera y los retos de un corredor de seguros.

El corretaje es una carrera de largo aliento, uno se enamora de la profesión y se queda en eso toda la vida.

Si siguen mis videos y mis consejos, potenciarán sus habilidades, destrezas y talentos y les será fácil llegar a ser el número uno en el mercado asegurador de su región y país.

Gracias por participar y por invertir en ustedes. Si les gustó el contenido, recomiéndelo a sus amistades y colegas.

El conocimiento es para diseminarlo y que la información llegue a todos los que lo necesiten.

Cualquier duda, pregunta o sugerencia estoy a la orden en las redes sociales. Yo mismo manejo mis redes y la consulto 24/7, Whatsapp +15615425565.

Mi nombre es Juan Carlos Fernández Alemán y ¡vengo a cambiar el mundo del seguro!

Lecturas recomendadas

Daniel G. Amen. *Change your brain, change your life*, 1999. (*Cambia tu cerebro, cambia tu vida*, 2011)

Stephen R. Covey. *The 7 Habits of Highly Effective People*, 1989. (*Los 7 hábitos de la gente altamente efectiva*, 1997)

Joe Dispenza. *You are the Placebo: Making your Mind Matter*, 2014. (*El placebo eres tú: cómo ejercer el poder de la mente*, 2014)

Timothy Ferriss. The *4-hour body*, 2010. (*El cuerpo perfecto en cuatro horas*, 2012)

Jeffrey Gitomer. *Little Gold Book of YES! Attitude: How to Find, Build, and Keep a YES! Attitude for a Lifetime of Success*, 2006. (*El libro Amarillo de la actitud, ¡Sí!*, 2008)

Malcolm Gladwell. *Outliers: The Story of Success*, 2008. (*Outliers (Fuera de serie) Por qué unas personas tienen éxito y otras no*, 2017)

Napoleon Hill. *Think and grow rich*, 1937 (*Piense y hágase rico*, 2006)

Walter Isaacson. *Steve Jobs*, 2017.

Nelson Mandela. *Long walk to freedom*, 1994. (*Un largo camino hacia la libertad*, 2013)

Tony Robbins. *Unlimited Power: The New Science of Personal Achievement*, 1997. (*Poder sin límites: la nueva ciencia del desarrollo personal*, 2010)

Álex Rovira Celma y Francesc Miralles. *Alegría*, 2017.

Gary Vaynerchuk. *Crush it! Why now is the time to cash in on your passion*, 2009 (*¡HAZLA EN GRANDE!*, 2019)

45139667R00095